एक थी नदी
सरस्वती

एक थी नदी
सरस्वती

खड्ग सिंह वल्दिया

आर्यन बुक्स इन्टरनेशनल
नई दिल्ली

एक थी नदी सरस्वती

ISBN: 978-81-7305-404-4

प्रकाशक :

आर्यन बुक्स इन्टरनेशनल

पूजा अपार्टमेंट्स, 4 बी, अंसारी रोड, दरियागंज, नई दिल्ली-110002

फोन : 23287589, 23255799; फैक्स : 91-11-23270385

ई-मेल : aryanbooks@vsnl.com, aryanbooks@gmail.com

कम्प्यूटर अक्षर संरचना और मुद्रक :

ए.बी.आई. प्रिंटस एंड पब्लिशिंग कम्पनी, नई दिल्ली

विषय-सूची

आभार ज्ञापन

इन्डियन स्पेस रिसर्च ऑर्गनाइज़ेशन का मैं अत्यन्त आभारी हूँ। इस संस्थान की उदार आर्थिक सहायता से अंग्रेज़ी में लिखी पाण्डुलिपि तैयार हुई थी। नैशनल रिमोट सैन्सिंग एजेन्सी (हैदराबाद) के तत्कालीन निदेशक श्री डी.पी. राव ने कृपा करके सरस्वती अंचल के उपग्रही चित्र दिये। डॉ. रवीन्द्र सिंह बिष्ट (ग़ाज़ियाबाद), डॉ. ए.ऐस. राजावत (अहमदाबाद) तथा डॉ ए.ऐस. गौड़ (दोना पावला) ने विविध चित्र एवम् प्रासंगिक लेख भेजे। डॉ. अनिल गुप्त (जोधपुर) से हरियाणा में पुरावाहिकाओं के चित्र सुलभ हुए।

प्रो. ए.बी. राय (कोलकाता), डॉ. अशोक सिंघवी (अहमदाबाद), डॉ. बलदेव सहाय (अहमदाबाद), प्रो. देवेन्द्र सिंह चौहान (जोधपुर), डॉ. अमल कर (जोधपुर), डॉ. सुविमल सिन्हा-राय (जयपुर), प्रो. ऐस.के. टण्डन (दिल्ली), डॉ. ऐस.आर. राव (बेंगलूरु) तथा प्रो. वी.एन. मिश्र (पुणे) की सुझावोंभरी समीक्षाओं से पाण्डुलिपि लाभान्वित हुई।

इन सभी महानुभावों का मैं आभारी हूँ।

प्रस्तुत रचना अंग्रेज़ी में छपी पुस्तिका "सरस्वतीः द रिवर दैट डिस्सपियर्ड" का भावानुवाद है।

जवाहर लाल नेहरू सैन्टर (बेंगलूरु) ने न केवल अपनी अतुलनीय सुविधाएँ प्रदान कीं वरन् अत्यन्त उदार सहायता भी दी। मैं इस संस्थान का ऋणी हूँ।

खड्ग सिंह वल्दिया

Acknowledgement

Satellite pictures of Plates 1, 2, 3(A), 3(B), 4, 5(A), 5(B), 6, 7, 8, 9, 10(A), 10(B), 11, 12(A), 12(B), 13(A) and 13(B) have been reproduced from the book *Saraswati: The River that Disappeared*, K.S. Valdiya, first published in 2002, with the permission of Universities Press (India) Private Limited. And the line diagrams are based on figures given in this book. (Copyright) Universities Press (India) Private Limited 2002.

दो शब्द

समय की अन्तहीन पगडंडी पर चलता हुआ हिमालय के भूवैज्ञानिक अतीत के सुदूर कालों में भटकने के बाद मेरी दृष्टि पड़ी पर्वतराज के सामने सिन्धु–गंगा के मैदान के उस भूभाग पर जो नितान्त नदी–हीन है । इसी भूभाग के लिए कुछ हज़ार साल पहले भयंकर महाभारत युद्ध हुआ था, कुरुक्षेत्र में । अनेक भूविज्ञानियों तथा पुरातत्ववेत्ताओं की भाँति मुझे भी आश्चर्य होता था कि हड़प्पा सभ्यता के प्रगतिशील समाज के लोग क्यों ऐसी निर्जल वाहिका के किनारे बसते थे जिसमें आज केवल बाढ़ का पानी बहता है । कैसे बन गये थे वे समृद्ध–सम्पन्न और उन्नत ? नदी–हीन अंचल में रहते हुए भी कैसे हो गया उनका जीवन इतना जीवन्त कि उसमें कला के प्रति आग्रह था, आवश्यकताओं में सुरुचि थी, और पर्यावरण के प्रति प्रेम था ? उनके अंचल में सदानीरा नदी न होते हुए भी उनकी सभ्यता कैसे फली–फूली ?

सन् 1968 में लोकप्रिय साप्ताहिक *धर्मयुग* में मेरा लेख छपा था – कैसे गंगा ने सरस्वती के जल का अपहरण किया । पाठकों में व्यापक दिलचस्पी पैदा हुई थी । बारह वर्ष बाद सन् 1980 में यशपाल आदि ने उपग्रहों से खींचे चित्रों के आधार पर जब सरस्वती के जलमार्ग को रेखांकित किया तो विद्वानों की शंका काफी कम हो गयी । सन् 1996 में *रैज़ोनैन्स* पत्रिका में छपे मेरे लेख ने सरस्वती पर अनेक विज्ञानियों की अभिरुचि उत्पन्न कर दी ।

मेरा मानना है कि महाकाव्य और पुराण पूर्णतः कपोल–कल्पित और मनगढ़न्त नहीं हैं । वे इतिहास के महत्वपूर्ण पहलुओं एवम् घटनाओं को उजागर करते हैं । सन् 1984 में प्रकाशित भूविज्ञान के विद्यार्थियों के लिए लिखी पाठ्यपुस्तक में मैंने सरस्वती की त्रासदी पर लिखने का साहस किया । जब कभी, जहाँ कहीं पश्चिमोत्तर भारत की विवर्तनिक हलचलों पर लिखने–बोलने का अवसर मिला, मैंने सरस्वती नदी के विलुप्त होने का कारण बताने का प्रयास किया है ।

जब स्वर्गीय प्रोफ़ैसर सतीश धवन ने सुझाया कि उस विलुप्त नदी से सम्बन्धित इतिहास और विरासत पर लोकरंजक प्रबन्ध लिखूँ जो इस महाद्वीप में रहने वाले श्रेष्ठ लोगों के जीवन का आधार थी, तो मैंने यह कार्य सहर्ष स्वीकार कर लिया । संयोग से, सरस्वती नदी पर मेरा वैज्ञानिक व्याख्यान सुनने वाले श्रोताओं में शामिल प्रो. रोड्डम नरसिंह ने उससे कुछ ही दिन पहले मेरे हृदय में पुस्तक–प्रणयन की चिंगारी पैदा कर दी थी ।

यह रचना एक ऐसे भूविज्ञानी की सोच की अभिव्यक्ति है जिसे ऊँचे पर्वतों और दुर्गम भूभागों में संधान करने में सुख मिलता है, और जो पुरातत्ववेत्ताओं एवम् इतिहासकारों के क्षेत्र में घुसपैठ करने की धृष्टता करता है । इस पुस्तिका में एक ऐसी नदी का वर्णन है जो हिमालय में हिम के गलने से बन कर अरावली श्रेणी के पश्चिम में फैले भूभाग से होती हुई कच्छ की खाड़ी में विसर्जित होती थी । वह ऐसी नदी थी जिसका पाट चौड़ा था और जिसमें प्रबल धाराएँ बहती थीं । पुराणों के प्रति अपनी आस्था को दरकिनार कर तथा सरस्वती–अंचल को भूवैज्ञानिक परिस्थितियों के चौखटे में रखकर मैंने अपने निष्कर्षों को विवर्तनिक इतिहास की कसौटी में कसने का प्रयास किया है । शिवालिक अंचल में हुई विवर्तनिक घटनाओं का सिन्धु–गंगा मैदान की स्थलाकृति एवम् नदी–तंत्र पर गम्भीर प्रभाव पड़ा था । हरियाणा और संलग्न राजस्थान में बहती नदी के उस बहुत ही चौड़े पाट की वह नदी भी प्रभावित हुई होगी जिसकी वाहिका हिमालय से आयी रेत–मिट्टी–बालू से पटी पड़ी है । खारे पानी वाले थार रेगिस्तान के मध्य में बालू–रेत के अम्बार के नीचे घूमती–मुड़ती प्रच्छन्न वाहिकाओं में हज़ारों वर्ष पुराने मीठे पानी की उपस्थिति का क्या अर्थ लगाया जा सकता है ? क्या कहा जा सकता है उस जल के भण्डारों के बारे में जो निरंतर बड़े पैमाने पर दोहन के बावजूद और वर्षाजल द्वारा पुनःपूरित हुए बिना भी घट नहीं रहे हैं ? कहना न होगा कि मीठे पानी के ये भण्डार किसी आन्तर्भौम सदानीरा स्रोत से जुड़े हुए हैं । कौन–सा स्रोत सदानीरा हो सकता है ? आज के

कच्छ के रण में लवणयुक्त दलदली मैदान के उत्तर में एक डेल्टे के अवशेष के सामने एक पुरातन–प्राचीन पोतपत्तन की अवस्थिति एक ऐसी नदी के होने की सूचक है जिससे होती हुई नावें अरब सागर में जाती थीं। तब अरब सागर कच्छ की खाड़ी के मार्फत इस बन्दरगाह तक विस्तीर्ण था।

पंजाब, हरियाणा और संलग्न राजस्थान में ऐसे नदी–नालों के अनोखे बेतुके आचरण के प्रमाण मिलते हैं जो अपनी–अपनी वाहिका छोड़ कर नया–नया रास्ता बना कर बहा करते थे। अरावली–मारवाड़ का भूभाग ऐसे भ्रंशों–दरारों से कटा–फटा है जिन पर होने वाले भूसंचलनों के परिणामस्वरूप धरती कहीं धँसी–बैठी, कहीं उठी–उभरी और कहीं खिसकी–सरकी। सौराष्ट्र से लेकर हिमालय तक विस्तीर्ण यह भूभाग बार–बार भूकम्पों द्वारा झकझोरा गया है। इस प्रदेश में अतीत में हुए भूकम्पों के असंदिग्ध चिह्न मिलते हैं। ऐसे समय में जब नदियों ने मार्ग बदले, और धरती भूकम्पों द्वारा आन्दोलित–विलोड़ित हुई तब सरस्वती नदी के मैदान से बड़े पैमाने पर लोगों की भगदड़ और उनके हिमालय की तलहटी और समुद्र तटीय क्षेत्रों में बस जाने का क्या अर्थ लगाया जा सकता है ?

अनेक भूवैज्ञानिक साक्ष्यों के विश्लेषण के आलोक में मैंने उन लोगों की जीवनशैली के बारे में जानने का प्रयास किया है जो उस नदी – जो आज निर्जल है – के मैदान में बसे थे। इस अध्ययन का परिणाम है उस सभ्यता की गरिमा एवम् सुरुचि–सम्पन्नता का बोध जिसे 'हड़प्पा' के नाम से जाना जाता है।

इस पुस्तिका में मैंने सरस्वती के अंचल का भौमिकीय इतिहास प्रस्तुत करने का प्रयास किया है। उन विवर्तनिक घटनाओं का विशेष उल्लेख है जिनके कारण सरस्वती विलुप्त हो गयी। इस रचना में ऐसे विचित्र तथ्यों का वर्णन है जिन्हें कुछ लोग गल्प मानते हैं, भ्रान्ति समझते हैं।

30 मार्च 2009

खड्ग सिंह वल्दिया

1

इतिहास की रंगभूमिः वह नदी–हीन धरती

मैदान, जहाँ नदियाँ नहीं हैं

हिमालय और अरावली श्रेणियों के मध्य का सपाट भूभाग एक अनोखा अंचल है (प्लेट 1)। एक ओर गंगा का मैदान है और दूसरी ओर सिन्धु का। जहाँ उत्तर भारत का विस्तीर्ण मैदान हिमालय में उपजी सदानीरा नदियों द्वारा सींचा जाता है वहीं यह भूभाग नदी–हीन है। हरियाणा, दक्षिणी पंजाब और पश्चिमोत्तर राजस्थान के इस भूभाग में एक भी सदानीरा नदी नहीं है (चित्र 1.1)। यही नहीं, इस प्रदेश में सबसे कम औसत वार्षिक वर्षा होती है (चित्र 1.2), और बारम्बारी अनावृष्टि की विभीषिका से धरती उजाड़ हो गयी है। अल्पवृष्टि और अनावृष्टि के बावजूद नदी–हीन यह प्रदेश पाषाणकालीन बस्तियों एवम् हड़प्पा सभ्यता के नगरों से आबाद था। विडम्बना है कि यह भूभाग आज भी निर्जन नहीं है। इस मरुस्थल की जनसंख्या विश्व के सभी मरुस्थलों की तुलना में सर्वाधिक है। इसके अलावा यहाँ गाय–बैल और भेड़–बकरियों की आबादी भी भारतीय भूखण्ड में सबसे अधिक है और इन पशुओं की संख्या तेज़ी से बढ़ती रही है। यही कारण है कि नदी–हीन इस मरुस्थली धरती में दूध–घी की प्रचुरता है।

वर्तमान मरुस्थलीय अंचल

अनावृष्टि से बार–बार प्रभावित नदी–हीन इस भूभाग की औसत वार्षिक वर्षा मात्र 10-40 से.मी. है (चित्र 1.2)। फिर भी बालू–रेत के विस्तीर्ण आवरण पर

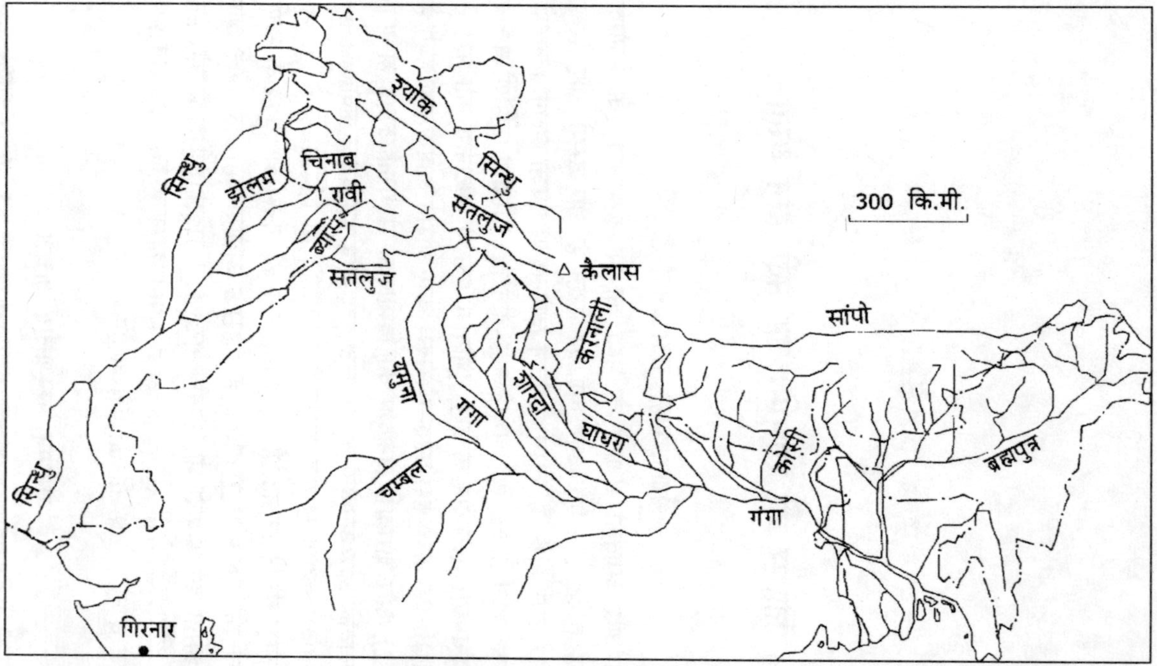

चित्र 1.1. जहाँ उत्तरी भारत का सारा मैदान हिमालय में जन्मी नदियों द्वारा सींचा जाता है वहीं हरियाणा, दक्षिणी पंजाब और पश्चिमोत्तर राजस्थान का भूभाग सदानीरा नदियों के प्रसाद से वंचित है । (वल्दिया, 1998 के आधार पर)

बनी मृदा (सॉइल) अकल्पनीय रूप से उर्वर है – बहुत उपजाऊ है । इसी कारण मानसून की हल्की बारिश होते ही रेगिस्तानी धरती हरी–हरी घास और झाड़ियों से ढक जाती है । सिंचाई वाले क्षेत्रों में तो रबी की अच्छी फसल होती है । ऐसा होता है उस भूभाग में जो पिछले लगभग दो लाख वर्षों से सूखा–ग्रस्त रहा है ।

मृदा की उर्वरता का कारण है उसमें विद्‌यमान पोषक तत्वों की प्रचुरता । बालू–रेत–मिट्टी को पोषक तत्व मिलते हैं उन नदियों से जो

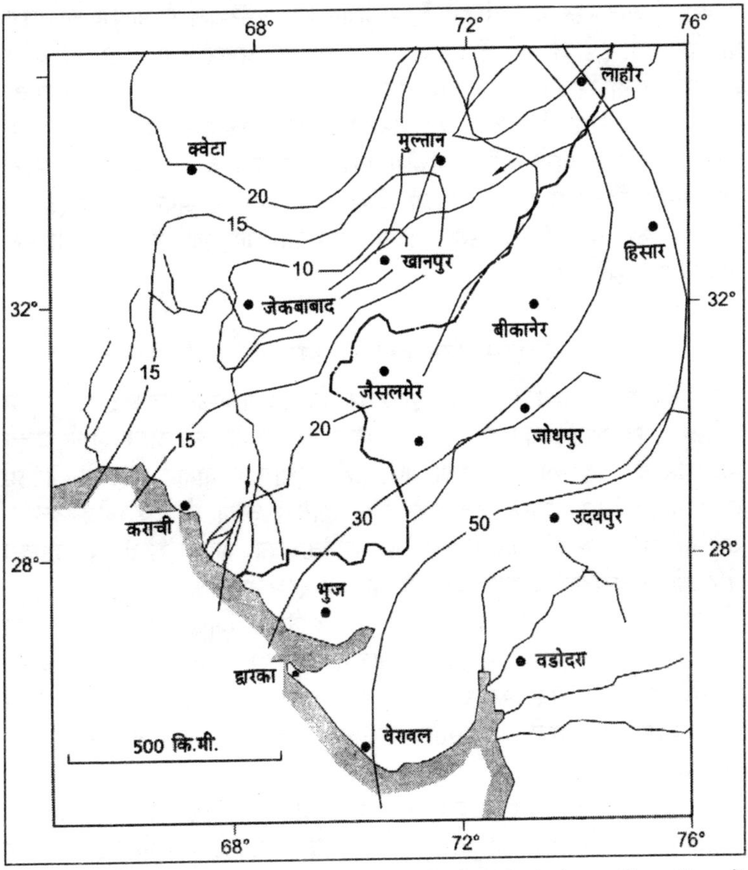

चित्र 1.2. पश्चिमोत्तर भारत में औसत वार्षिक वर्षा (सेन्टीमीटरों में) । पश्चिम दिशा में वर्षा उत्तरोत्तर कम होती चली जाती है । यह भूभाग पिछले लगभग दो लाख वर्षों से शुष्क–अनार्द्र सूखे की चपेट में रहा है । (वल्दिया, 1968 से)

पर्वतों–पहाड़ियों से घिस–घोल कर विभिन्न प्रकार के खनिज पोषक तत्व लाती हैं । राजस्थान की मरुभूमि की बालू–रेत वस्तुतः नदीय अवसाद है जिसे हवा के थपेड़ों ने छान दिया है, बिखेर दिया है । यह मैदान बना हुआ है 10 से 40 मीटर मोटी नदीय अवसाद राशि से । इस मैदान में अगणित घुमावदार, बलखाती, मिलती–बिछुड़ती वाहिकाएँ (चैनल) हैं जिनकी औसत चौड़ाई तीन किलोमीटर है ! दूसरे शब्दों में, ये किसी बड़ी नदी के परित्यक्त भाग हैं । असामान्य रूप से चौड़ी इन वाहिकाओं में आज केवल बाढ़ का पानी बहता है, वह भी साल में बहुत थोड़े समय के लिए । साधारणतया ये वाहिकाएँ बालू–रेत से पटी हुई हैं – वीरान थार मरुस्थल में तो रेत के टीलों के नीचे दबी हुई जी रही हैं । प्रति 2 से 5 वर्ष के अन्तराल में सूखे की चपेट में आने वाली निर्जल–शुष्क मरुभूमि में लवण–युक्त जल के अनेक सरोवर हैं – ताल–तलैया हैं । इन्हें 'रण' कहते हैं । विडम्बना तो यह है कि ऐसी धरती–तले मीठे पानी की आन्तर्भौम धाराएँ बह रही हैं । भूमिगत यह मीठा जल उन वाहिकाओं में भरा है जो किसी बड़ी नदी के अपवाह–तंत्र (ड्रैनेज सिस्टम) की अंग हैं । ये उस नदी की परित्यक्त वाहिकाएँ हैं जो कभी इस अंचल को सींचती थी ।

इतिहास बनते देखा है इस अंचल ने

नदी–विहीन यह अंचल भारतीय इतिहास की उन युगान्तकारी घटनाओं एवम् विवर्तनों का साक्षी रहा है जिन्होंने भारत के लोगों की जीवनशैली एवम् संस्कृति को गढ़ा था, रूप दिया था । इसी भूभाग में पाषाणकाल के आदिम लोग अपने लिए भोजन जुटाने के लिए शिकार करते थे । ये लोग अन्ततः पशुओं को पालतू बनाकर और वनस्पतियों को अपने खेतों में उगाकर बस्तियों में बस गये । इसी धरती पर हड़प्पा सभ्यता विकसित हुई और 4600 से लेकर 3900 वर्ष पूर्व की अवधि में उन्नति के शिखर पर पहुँची (चित्र 1.3) । तत्कालीन प्रवहमान नदी के तीर पर निवास करते थे वैदिक ऋचाओं के प्रणेता, और उसके मैदान में घूमते थे "महाभारत" काल के योद्धा एवम् ऋषि–मुनि । यह धरती थी भारतीय सभ्यता का पालना – हमारी संस्कृति की जन्मस्थली ।

कालान्तर में इसी अंचल से होकर गुज़रे थे अनेक खोजी, यात्री और आक्रान्ता । इनके पश्चिमी भाग तक सिकन्दर महान अपनी विशाल सेना के साथ आ पहुँचा था । महमूद ग़ज़नवी (सन् 997-1025 ई.) से लेकर अहमद शाह अब्दाली (सन् 1761 ई.) तक अनेक हमलावरों का शिकार बना यह अंचल । इसी अंचल से गुज़रा (सन् 1325-1354 ई.) था प्रख्यात् यात्री इब्न

बतूता । वह नदी–किनारे धान और गन्ने की फसलें देखकर बहुत प्रभावित हुआ था । कभी सम्पन्न और गुलज़ार मारोट, सिरसा और हाँसी से होकर व्यापारियों के कारवाँ गुज़रते थे । अवश्य ही किसी बड़ी नदी के किनारे बसे होंगे ये नगर । परन्तु आज तो उनके ध्वंसावशेष ऐसे असाधारण रूप से चौड़े पाट वाले नाले के किनारे अवस्थित हैं जिसमें केवल बाढ़ का पानी बहता है । यह नाला हरियाणा और राजस्थान में 'घग्घर' नदी के नाम से जाना जाता है, संलग्न पाकिस्तान के चोलिस्तान में 'हाकड़ा', और दक्षिणपूर्वी सिन्ध में 'नारा' ।

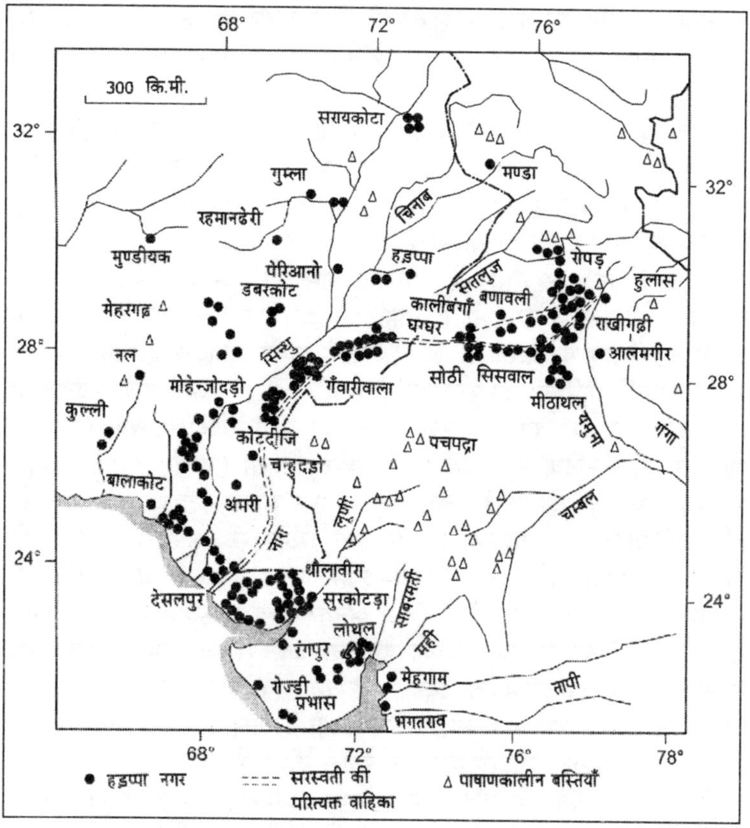

चित्र 1.3. पश्चिमोत्तर भारत पाषाणकालीन बस्तियों और हड़प्पा सभ्यता के नगरों से आबाद था । ऐसा लगता है कि यह भूमि भारतीय सभ्यता की मूलस्थान थी – पालना थी । (वल्दिया, 1998 के आधार पर)

यह सब कुछ कैसे हो गया ? क्या हो गया उस बड़ी नदी का जिसकी अनियमित–अगणित वाहिकाएँ उपग्रही चित्रों में साफ़–साफ़ दिखती हैं ?

कौन–सी नदी थी वह

पाषाणकाल एवम् हड़प्पाकाल की बस्तियों के घने वितरण (चित्र 1.3) से लगता है कि घग्घर–हाकड़ा–नारा नदी के मैदान में लोग बसते थे। किसी भी ऐसी धरती पर अधिक समय तक लोग नहीं रह सकते जहाँ पानी न हो, विशेषकर जहाँ दीर्घकाल से मरुस्थली परिस्थितियाँ प्रभावी हों। यहाँ तो आठ–दस हज़ार साल से भी लम्बे समय से लोगों की दो–ढाई हज़ार बस्तियाँ थीं। यह इस बात का सूचक है कि इन बस्तियों के समय में घग्घर–हाकड़ा–नारा नदी समेत अनेक सरिताओं में वर्ष–भर पानी बहता था। अर्थात् वे सदानीरा नदियाँ थीं।

इसका अर्थ यह है कि पश्चिमोत्तर राजस्थान और संलग्न भूभाग में एक सदानीरा नदी थी। इस अंचल में नदी द्वारा जमा की हुई बालू–रेत–मिट्टी की 10 से 40 मीटर मोटी राशि (चित्र 1.4) एक ऊर्जामयी सशक्त नदी–तंत्र के होने का साक्ष्य प्रस्तुत करती है।

ऋग्वेद (7:9, 5:2, 6:61) में सरस्वती नाम की एक ऐसी नदी का वर्णन है जो पर्वतांचल में उपजती है, पहाड़ी बाधाओं को भेदकर गर्जन–तर्जन करती हुई मैदान में उतरती है और अन्त में समुद्र में विसर्जित हो जाती है – "शुचिर्याति गिरिभ्यः आ समुद्रात्" (*ऋग्वेद* 7:95:2)। *ऋग्वेद* के रचनाकारों के अनुसार यह सरस्वती नदी उस अंचल की सभी नदियों में श्रेष्ठ (नदीतमे) थी, और सात नदियों में सबसे बड़ी–महोअर्णः–थी (*ऋग्वेद* 2:41:16, 1:3:11, 7:36:6)। स्पष्ट है कि ऋग्वेद के समय में एक महान नदी थी जो आज के हरियाणा, पश्चिमोत्तर राजस्थान और पूर्वी सिन्ध से बहती हुई कच्छ की खाड़ी में विसर्जित होती थी। शस्य–श्यामला था सरस्वती अंचल। उसके तट पर धन्य–धान्यपूर्ण नगर बसे थे। अनेक राज्य सरस्वती से पोषण प्राप्त करते थे – "चित्र इन्द्रजा राजका इदन्यके यके सरस्वती मनु, पर्जन्य इव ततनद्धि वृष्टया सहस्रमयुता ददत्" (*ऋग्वेद* 8:21:18)। वनों में ऋषियों के आश्रम थे। आज उस नदी को प्रदर्शित करती हैं बालू और रेत–मिट्टी से पटी वे वाहिकाएँ (चैनेल) जो रेगिस्तान के रेतीले टीलों में खो जाती हैं। उपग्रही चित्रों तथा मानचित्रों के विश्लेषण से स्पष्ट परिलक्षित होता है कि घग्घर, हाकड़ा, नारा नदियों से सम्बन्धित इन वाहिकाओं में कभी जल की विपुल राशि प्रवाहित होती थी। ये वाहिकाएँ ऐसी धाराओं का मार्ग थीं जो हिमालय से निकल कर उमड़ती हुई समुद्र से जा मिलती थीं।

इन पृष्ठों में विभिन्न भौमिकीय, भूवैज्ञानिक, पुरातात्विक एवम् ऐतिहासिक साक्ष्यों का अर्थ निकालकर, उनकी व्याख्या कर, उस महान नदी की वाहिका को दिखाने का प्रयास किया है जिसका प्रवाह विपुल था, जिससे जनजीवन पोषण पा रहा था और जिसके मैदान पर एक गौरवशाली सभ्यता विकसित–पल्लवित हुई थी। वह नदी मनु और महाभारत युद्ध के

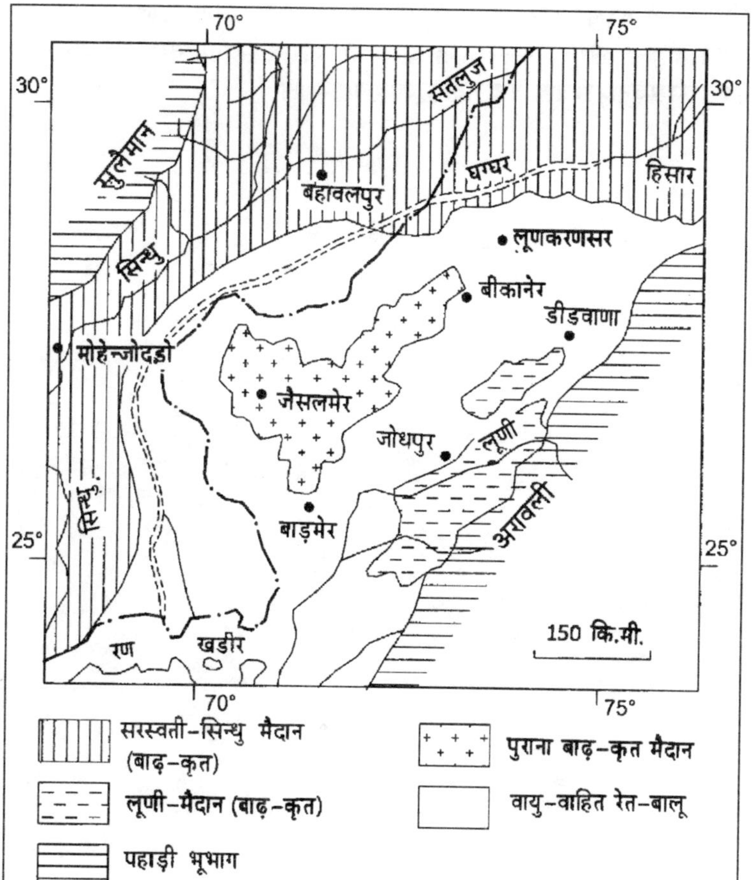

चित्र 1.4. मरुस्थली अंचल में वाहिकाओं (चैनेल) और उनके बाढ़–क्षेत्रों में जमा अवसादों (बालू–रेत–मिट्टी) का विस्तार उस नदी के साक्ष्य प्रस्तुत करते हैं जो इस भूभाग से होकर बहती थी। ये वाहिकाएँ और उनके मैदान मरुस्थली टीलों से ढक गये हैं। (राघव, 1999 के आधार पर)

मध्य की अवधि – उत्तर हॉलोसीन काल – में विलुप्त हो गयी। गंगा और सिन्धु नदियों ने उसके जल का अपहरण कर लिया था। हुआ यह कि सरस्वती नदी की पूर्वी शाखा तमसा (टोंस) यमुना के मार्ग से होकर गंगा से जा मिली। प्रयाग में यमुना गंगा से मिलती है। अपहरण के उपरान्त सरस्वती का जल भी गंगा की धारा में विलीन हो गया। इस तरह प्रयाग बन गया त्रिवेणी। कालान्तर में सरस्वती की पश्चिमी शाखा शतद्रु (सतलुज) ने भी अपना मार्ग बदला और वह सिन्धु की हो गयी। सरस्वती सूख गयी, उसके मैदान में बसे लोग घर–बार छोड़ कर उत्तर और दक्षिणपश्चिम की ओर चले गये। सरस्वती अंचल बन गया उजाड़ मरुस्थल।

2

सरस्वती अंचल का भौमिकीय इतिहास

सरस्वती–सिन्धु भूभाग

सरस्वती और सिन्धु नदियों ने मिलकर एक विशाल मैदान की रचना की है। सारे पंजाब और सिन्ध राज्यों में विस्तीर्ण यह मैदान पूर्व में बंगाल की खाड़ी से लेकर पश्चिम में अरब सागर तक फैला हुआ है । यह बाढ़कृत सिन्धु–गंगा–ब्रह्मपुत्र मैदान पर्वतराज हिमालय की देन है (चित्र 2.1) । इसके पश्चिमी भाग का बड़ा हिस्सा आज रेगिस्तानी बालू और रेत से ढका हुआ है । थार मरुभूमि के टीलों और टिब्बों ने इस बाढ़कृत मैदान के इतिहास को दबा–छिपा रखा है ।

नदियों और रेगिस्तानी हवाओं द्वारा संचित बालू–रेत–मिट्टी के इस अंचल के पूर्व में है चट्टानों की ऊबड़–खाबड़ धरती । अरावली श्रेणी के पश्चिम की उभरी–उठी चट्टानें भी हवा के थपेड़ों से कट–घिस गयी हैं; और बजरी–बालू के पतले असंतत आवरण से चट्टानी धरती छिप–सी गयी है । इस अंचल के क्षणभंगुर नदी–नालों का ढाल पश्चिम व पश्चिमोत्तर को है । इनमें केवल बाढ़ का पानी बहता है । दक्षिणपश्चिम में एक छोटी नदी है, लूणी । वह कच्छ के रण में विलुप्त हो जाती है । स्पष्ट है कि मरुस्थल और अरावली श्रेणी के मध्य का भूभाग भी अर्धमरुस्थल है ।

सरस्वती–मैदान की रचना

अम्बाला और लुधियाना के बीच सरस्वती–मैदान समुद्रतल से 250 मीटर ऊपर है । यह मैदान पश्चिमदक्षिणपश्चिम दिशा में ढलता हुआ कच्छ के रण

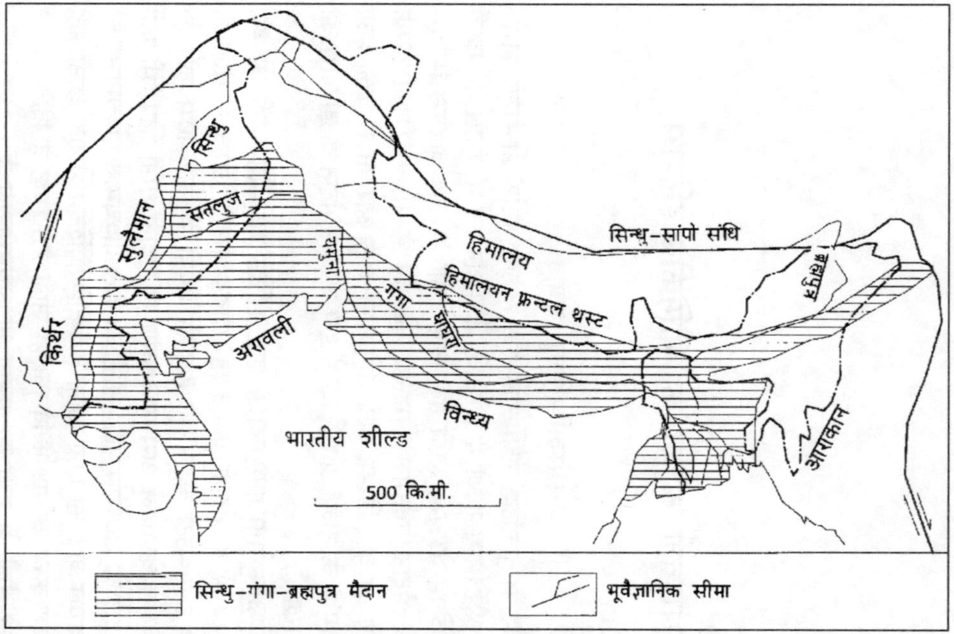

चित्र 2.1. हिमालय और प्रायद्वीपी भारत के मध्य में विस्तीर्ण है सिन्धु–गंगा–ब्रह्मपुत्र का मैदान । हिमालय के उत्तर में मोटी रेखा भारत और एशिया के मध्य की सन्धि–रेखा है – जोड़ है । मैदान की उत्तरी सीमा निर्धारित करता है हिमालयन फ्रन्टल थ्रस्ट नामक लम्बा भ्रंश (दरार) । (डब्लू.डी. बर्बन्क के आधार पर)

में दलदली भूमि में बदल जाता है (चित्र 1.4 तथा 2.1) । प्रायद्वीपी भारत और हिमालय के मध्य में बने हुए गर्त के पूरी तरह भर जाने से बना था यह मैदान । हिमालय में जन्मी अगणित नदियाँ–सरिताएँ पहाड़ों को काट–काट कर लाखों वर्षों से बालू, रेत, मिट्टी बहा कर लाती रहीं हैं, अरावली से भी आयी रेत–मि ी । बालू, रेत व मिट्टी से पूरी तरह भर जाने से यह गर्त सपाट मैदान में परिणत हो गया । उसके मैदान बनने में लगभग पन्द्रह लाख वर्ष लगे । इस गर्त का नितल ऐसे पुरातन शैलों का बना है जिनकी आयु 3.5 करोड़ से लेकर 57 करोड़ वर्ष तक है । इन शैलों में ग्रेनाइट, नाइस, रायोलाइट और विभिन्न प्रकार के रूपान्तरित शैल तथा अवसादी सैन्डस्टोन, शैल तथा मडस्टोन शामिल हैं । इन्हीं शैलों की बनी हैं अरावली और शिवालिक श्रेणियाँ । ये पुरातन शैल हिमालय के मध्य तक आन्तर्भौम विस्तीर्ण हैं, और हिमालय के उद्‌भव से सम्बन्धित विवर्तनिक घटनाओं में भागीदार भी रहे हैं । दूसरे शब्दों में, पश्चिमोत्तर राजस्थान और हरियाणा का भूभाग हिमालय के अंचल से जटिल रूप से जुड़ा हुआ है (वल्दिया, 1999b) । इसका यह अर्थ है कि जो भी घटनाएँ हिमालय में हुई थीं उनका प्रभाव सिन्धु–सरस्वती के मैदान पर भी पड़ा । ऐसा करोड़ों वर्षों से हो रहा है, और पिछले दस हज़ार वर्षों के हॉलोसीन काल में तो प्रखर–प्रबल रूप से हुआ ।

भूसंरचना एवम् विवर्तन

अरावली पर्वतश्रेणी–सहित बृहद् अरावली भूभाग सौराष्ट्र से लेकर हिमालय की तलहटी में हरिद्वार तक विस्तीर्ण है (चित्र 2.2) । अरावली श्रेणी के पश्चिम का अंचल ऐसे भ्रंशों (दरारों) से कटा–फटा है जिनका दिग्विन्यास मुख्यतः पूर्वोत्तर से दक्षिणपूर्व है (सिन्हा–राय आदि, 1986; बाकलीवाल तथा रामसामी, 1987; सिन्हा–राय आदि, 1998) । अतीत में समय–समय पर इन भ्रंशतलों पर भूमि विस्थापित हुई थी – कहीं सरकी थी, कहीं उठी थी, कहीं धँसी थी । इसका परिणाम यह हुआ कि सरस्वती का मैदान खण्ड–खण्डों में बँट गया । इन भ्रंशों में सबसे महत्वपूर्ण 100 कि.मी. लम्बे बरवानी–जैसलमेर भ्रंश (चित्र 2.2) का सम्बन्ध सन् 1907, 1959 और 1993 में हुए भूकम्पों से है । दूसरा बड़ा भ्रंश 50 कि.मी. से भी अधिक लम्बा कच्छ के रण से लेकर साम्भर झील तक फैला हुआ है । सन् 1819 और 1976 में उठे भूचाल इसी भ्रंश पर हुए विस्थापन के परिणाम थे (चित्र 2.2 तथा 2.5) । अरावली श्रेणी की तलहटी में 500 कि.मी. लम्बे भ्रंशों पर भूमि के उठने–

बैठने से सीढ़ीदार स्थलाकृति विकसित हुई। सरदारशहर भ्रंश (चित्र 2.2) में हुई हरकतों के परिणामस्वरूप चुरू ज़िले में 10,000 वर्ष तक की पुरानी अवसाद–राशि धँस गयी (अहमद, 1986)।

कहना न होगा कि सरस्वती नदी का भूभाग पिछले दस हज़ार वर्षों से विवर्तनिक हलचलों से बार–बार प्रभावित होता रहा है।

सरस्वती अंचल के दक्षिणपश्चिम में अवस्थित कच्छ द्वीप भी पूर्व–से–पश्चिम दिशा में खिले भ्रंशों से विखण्डित है (चित्र 5.10)। द्वीप की पहाड़ियों और नगरपार्कर के तटीय क्षेत्र के उत्थान का सीधा सम्बन्ध इन भ्रंशों की सक्रियता से है (विश्वास, 1987; मेढ़, 1993, 1995)। दो भ्रंशों के बीच की धरती के धँस जाने से बना था रण का उथला गर्त, जिसमें अरब सागर का पानी भर गया था। आज से दो हज़ार वर्ष पूर्व तक इस गर्त का

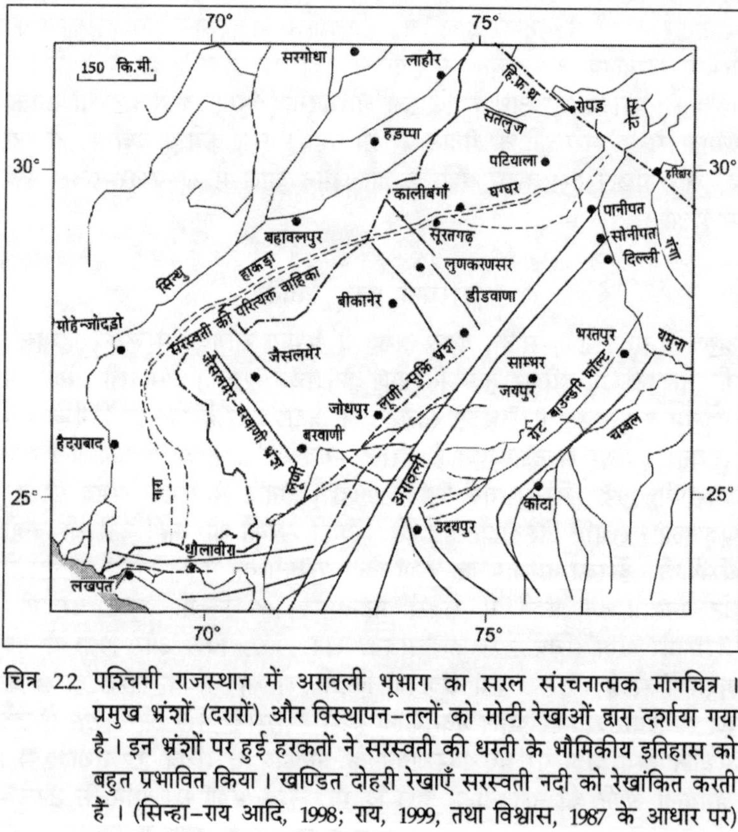

चित्र 2.2. पश्चिमी राजस्थान में अरावली भूभाग का सरल संरचनात्मक मानचित्र। प्रमुख भ्रंशों (दरारों) और विस्थापन–तलों को मोटी रेखाओं द्वारा दर्शाया गया है। इन भ्रंशों पर हुई हरकतों ने सरस्वती की धरती के भौमिकीय इतिहास को बहुत प्रभावित किया। खण्डित दोहरी रेखाएँ सरस्वती नदी को रेखांकित करती हैं। (सिन्हा–राय आदि, 1998; राय, 1999, तथा विश्वास, 1987 के आधार पर)

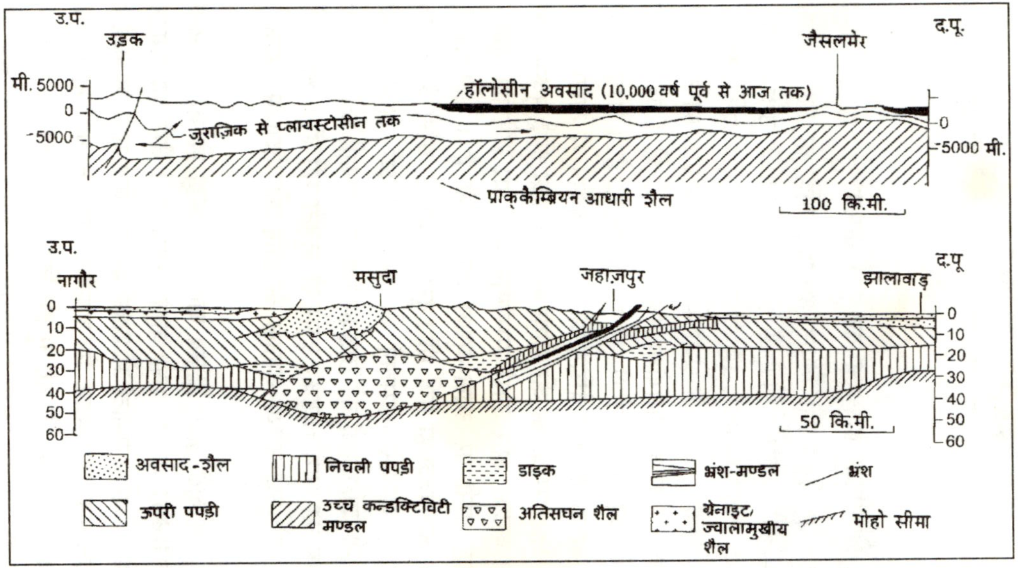

चित्र 2.3. (क) अरावली की तलहटी से लेकर पाकिस्तान में सुलैमान श्रेणी की सीमा तक फैले हुए सरस्वती–सिन्धु मैदान की आन्तरिक रचना। सरस्वती नदी का इतिहास ऊपर की हॉलोसीन–कालीन अवसादी परतों (कालारंग) पर लिखा हुआ है। (वल्दिया, 1999 b के आधार पर)

(ख) अरावली–भूभाग का संरचनात्मक स्वरूप। पूर्वोत्तर से दक्षिणपश्चिम और पश्चिमोत्तर से दक्षिणपूर्व दिशा वाले भ्रंशों से कटी–फटी है धरती। (तिवारी आदि, 2000 पर आधारित)

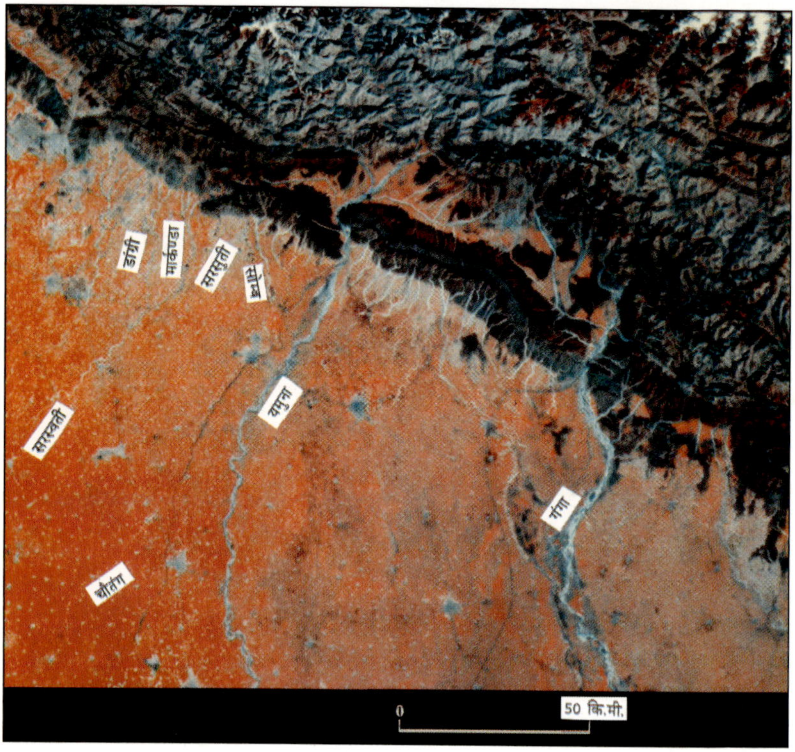

प्लेट 2. उपग्रह आई.आर.ऐस. डी–1 द्वारा खींचे हुए इस चित्र में शिवालिक में वह पाँवटासाहब दून दिख रहा है जिसमें बाटा और मार्कण्डा सरिताएँ बह रही हैं। शिवालिक श्रेणी के दक्षिण में सरसुती और उसकी सहायक सरिताएँ दिख रहीं हैं। चित्र 27 फरवरी 2000 को लिया गया था।
(सौजन्य : नैशनल रिमोट सैन्सिंग ऐजेन्सी, हैदराबाद।)

चित्र 2.4.(क) भारतीय भूखण्ड प्रतिवर्ष 58±4 मिलिमीटर की गति से उत्तर दिशा में सरक रहा है, और एशिया महाद्वीप को दबा रहा है ।

हिमालय और तिब्बत के अनेक भ्रंश भारत एवम् एशिया के अभिसरण, परस्पर मिलने, की इस गति के कुछ ही अंश (13±8 मिलिमीटर/वर्ष) को समायोजित कर पा रहे हैं । शेष अभिसरण का समायोजन कर रहे हैं प्रायद्वीपी भारत के सक्रिय भ्रंश । सरस्वती अंचल के भ्रंश इनमें सम्मिलित हैं । इसका सरल अर्थ यह है कि राजस्थान, हरियाणा, पंजाब समेत पश्चिमोत्तर भारत के भ्रंशों में भूसंचलन हो रहे हैं – हरकतें हो रही हैं, सामान्यतः रुक–रुक कर (चित्र 2.2 तथा 2.3) । यह प्राकृतिक व्यापार उद्भासित हो रहा है न केवल बारम्बारी भूचालों में (चित्र 2.5), वरन् नदियों के विचलन, मार्ग–परिवर्तन में भी । ये सारी घटनाएँ सरस्वती नदी के भूभाग

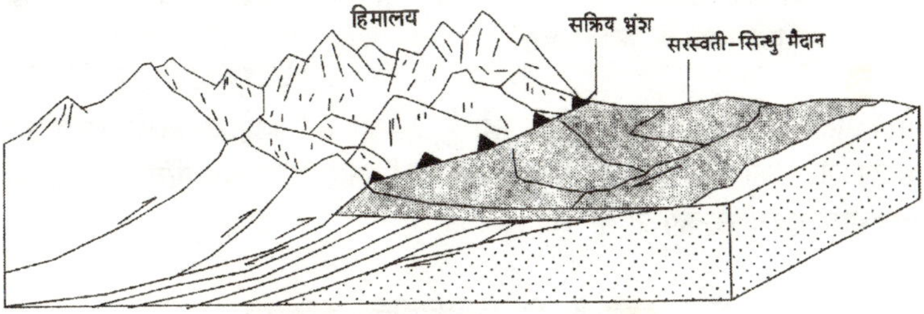

चित्र 2.4.(ख) भारतीय प्रायद्वीप के भूपटल का अग्रभाग झुक कर, मुड़कर हिमालय–तले समा रहा है । फलस्वरूप हिमालय के भूखण्ड उठ रहे हैं, उसकी धरती जब–तब थरथरा उठती है । (वल्दिया, 1998 से)

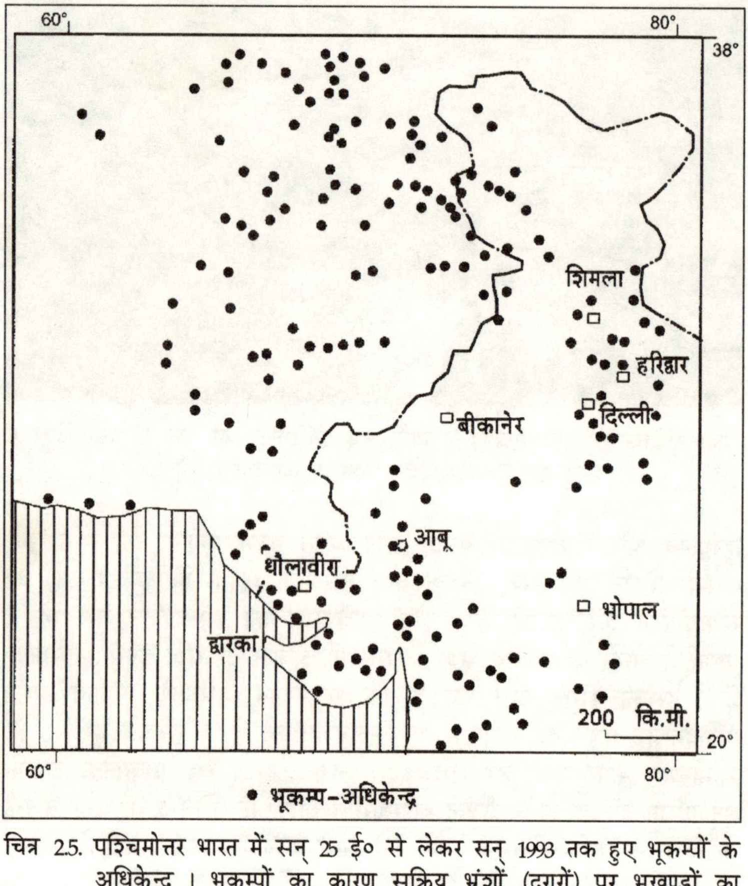

चित्र 2.5. पश्चिमोत्तर भारत में सन् 25 ई० से लेकर सन् 1993 तक हुए भूकम्पों के अधिकेन्द्र । भूकम्पों का कारण सक्रिय भ्रंशों (दरारों) पर भूखण्डों का सरकना, धँसना, उठना है । (क्विटमेयर तथा जेकब्स, 1979 तथा आर.के. वर्मा, 1993 के आधार पर)

में विगत दस हज़ार वर्षों में होती रही हैं । इन्हीं घटनाओं के फलस्वरूप उस महान नदी का तिरोभाव हो गया, जिसके किनारे कभी भारतीय सभ्यता का प्रादुर्भाव एवम् उत्कर्ष हुआ था ।

अवसादों में अभिलिखित इतिहास

बरवानी–जैसलमेर कटक के उत्तर की द्रोणी (बेसिन) में बालू, रेत और मिट्टी की 5 से 30 मीटर मोटी राशि संचित है (राघव, 1999) । कहीं–कहीं

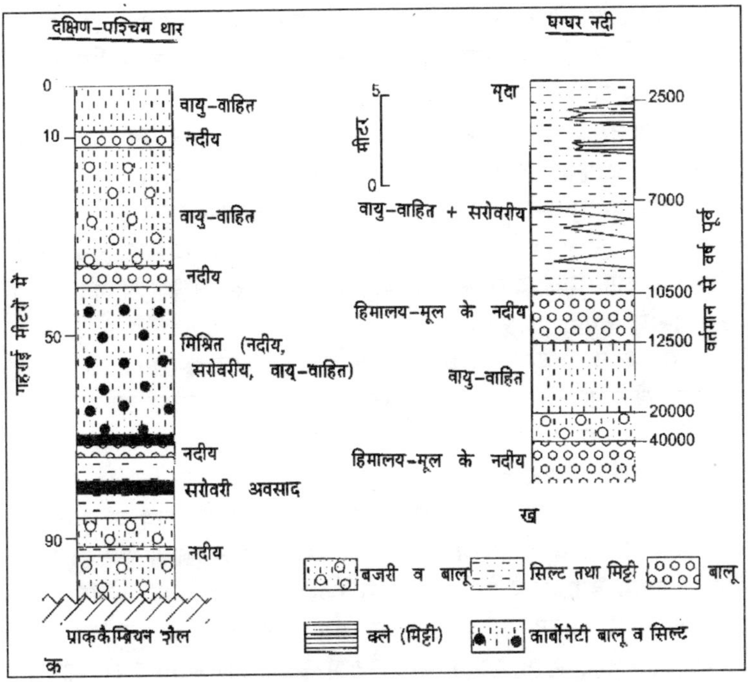

चित्र 2.6. घग्घर नदी के मैदान में अवसादों का अनुक्रम। ध्यान दें, कालीबंगाँ के पूर्व में घग्घर घाटी में हिमालय से लाया गया बालू विद्यमान है। अनुक्रम के ऊपरी भाग में मिट्टी (क्ले) इस तथ्य की द्योतक है कि नदी का प्रवाह थम गया था और ठहरे हुए पानी के तलों में मिट्टी जमा हुई थी।
(सिंघवी तथा कर, 1992 के आधार पर)

अवसादी अनुक्रम की मोटाई 90 मीटर है। सरस्वती के विलुप्त होने तक अवसादों का निक्षेपण होता रहा था। सबसे ऊपर के अवसादी अनुक्रम पर ही हमारी दिलचस्पी है। बालू–रेत–मिट्टी के इस अनुक्रम के अध्ययन से ज्ञात होता है कि यह अवसाद–राशि किसी बड़ी नदी की रचना है। यह ऐसी नदी थी जो धीरे–धीरे उथली होती गयी और कालान्तर में सूखी वाहिका और ताल–तलैयों तथा लवणयुक्त दलदलों में परिणत हो गयी। अवसादी अनुक्रम में विद्यमान मिट्टी (क्ले) ऐसे ही सरोवरों के निक्षेप हैं। जब मरुस्थली परिस्थिति प्रखर और सर्वप्रभावी हो गयी तो रेगिस्तानी हवाओं ने नदी की रेत–मिट्टी को उड़ा–छान कर दूर–दूर बिखेर दिया (चित्र 2.6)।

ध्यान देने योग्य एक बात है कि जिन नदियों ने अवसाद जमा किया था वे उन भ्रंशों द्वारा बनाये या नियंत्रित पथों पर बहती थीं जिनकी दिशा पूर्वोत्तर

से दक्षिणपश्चिम है । इसके विपरीत अधिसंख्य ताल–तलैयाँ उत्तर–दक्षिण दिशा में बनी दरारों से सम्बन्धित हैं (चित्र 2.2) । ऐसा लगता है कि नदियों का प्रवाह भ्रंशों द्वारा नियंत्रित था (राघव, 1999) ।

कालान्तर में पुरातन नदी–नालों की वाहिकाएँ बालू–रेत के टीलों–टिब्बों से ढक गयीं । इससे प्रवाह–तंत्र में आमूल–चूल परिवर्तन हो गया । कई स्थलों पर भूकम्प–उत्प्रेरित भूस्खलनों के पंखाकार या शंक्वाकार ढेरों से सरिताओं का प्रवाह अवरुद्ध हो गया, और ताल–सरोवर बन गये । नदी घाटियों में बनी झीलें कालान्तर में खारे पानी के ताल–तलैयों में बदल गयीं (कर, 1995; राघव, 1979) ।

सिरसा के पूर्व में घग्घर की वाहिका में भरे अवसाद के विशद अध्ययन से पता चलता है कि उसका हिमालय से घनिष्ट रिश्ता था – जननिक सम्बन्ध था । हिमालय से आये बालू–रेत में काले अभ्रक (बायोटाइट) की प्रचुरता है तो मिट्टी में क्रिस्टली स्मैक्टाइट क्ले की प्रधानता (कूर्टि, 1995) । ये खनिज हिमालय–मूल के हैं – वे हिमालय के शैलों से कट–घिस कर आये । आरम्भ में हिमालय–मूल के अवसादों का 10 मीटर मोटा अनुक्रम बना, एक ऐसी नदी द्वारा जिसका प्रवाह बहुत अधिक था । प्रवाह के घटने पर नदी अन्ततः मौसमी सरिता बन गयी । अनुक्रम का ऊपरी 6 मीटर भाग तेज़, सूखी हवाओं के चपेट में आया और नदीकृत अवसाद रेत के टीलों और टिब्बों में बदलने लगा (चित्र 2.6) । टीलों के कारण भी नदी का मार्ग अवरुद्ध हुआ होगा और ताल–तलैयाँ बनी होंगी । इन तालों में बने कार्बोनेट के संग्रथित कंकड़ इस बात की गवाही देते हैं कि जलवायु अत्यन्त गर्म और सूखी हो गयी थी (कूर्टि, 1995) ।

विचलित, पथभ्रष्ट नदियाँ

हॉलोसीन–कालीन इतिहास के विगत दस हज़ार वर्षों में नदियों ने बार–बार रास्ते बदले । हरियाणा और पश्चिमोत्तर राजस्थान के कई क्षेत्रों में उनके परित्यक्त पथों – उनकी वाहिकाओं – के वक्राकार अथवा घुमावदार अवशेष मिले हैं । ये अवशेष बालू और रेत से पटे पड़े हैं । बालू–रेत के भीतर मिलता है मीठा पानी – खारे पानी की रेगिस्तानी भूमि में भूमिगत मीठे पानी के भण्डार ! उपग्रही चित्रों और रिमोट सैन्सिंग विधियों से अनेक परित्यक्त, प्रच्छन्न वाहिकाओं का पता लगा है (घोष आदि, 1979; सूद तथा सहाय, 1983; यशपाल आदि, 1980; बाकलीवाल तथा ग्रोवर, 1988; रामसामी आदि, 1991; कर, 1995, 1999; सहाय, 1999; गुप्त आदि, 2004, 2008) ।

उपग्रही चित्रों के विश्लेषण से ज्ञात होता है कि नदियों का पथ पश्चिमोत्तर दिशा में लगातार खिसकता रहा है। यह व्यापार घग्घर (सरस्वती) और लूणी (लवणावती) दोनों नदियों में देखा गया है। इस बात का उल्लेख हो चुका है कि बरवानी–जैसलमेर कटक उठता–उभरता रहा और नदियाँ विचलित होती रहीं। घग्घर (सरस्वती) और चौतंग (दृषद्वती) पश्चिमोत्तर दिशा में सरकी तो लूणी (लवणावती) दक्षिण की ओर। इन नदियों की अपनी–अपनी अलग द्रोणी (बेसिन) थी, जो सारे भूवैज्ञानिक काल में एक दूसरे से अलग ही रहीं।

जलवायविक विपर्यय

क्वॉर्टनरी युग के पन्द्रह लाख वर्षों में पश्चिमोत्तर भारत के राजस्थान–हरियाणा अंचल की जलवायु अधिकतर अत्यन्त शुष्क रही। इस कथन के साक्ष्य हैं घग्घर नदी के अवसादों में विद्‌यमान कार्बोनेट के प्रचुर संग्रथित कंकड़ और वायु–वाहित रेत की विपुल राशि। थर्मोलूमिनिस्सैन्स प्रविधि से रेत–बालू के आयु–निर्धारण से पता चलता है कि यहाँ पिछले लगभग दो लाख वर्षों से शुष्क–उष्ण जलवायु प्रभावी रही है (सिंघवी तथा कर, 1992; धीर आदि, 1994)। कंकड़ों की आयु के आधार पर यह निष्कर्ष निकलता है कि 40,000 से लेकर 20,000 वर्ष पूर्व की समयावधि वर्षाकाल थी (धीर आदि, 1994)। फिर आया अत्यन्त शुष्कोष्ण समय 13,000 से लेकर 10,000 वर्ष पूर्व तक। तब दावानल धधका करते थे। इस कथन का साक्ष्य हैं 12,150±170 तथा 8780±170 (औसत 10,500) वर्ष पुराने कठकोयले के अवशेष जो दक्षिणपश्चिमी हरियाणा के रेतीले मैदान में मिले हैं (कूर्टि, 1995)। ऐसा लगता है कि घग्घर (सरस्वती) के मैदान की हरियाली सूखे का शिकार हो रही थी। उसके बाद 8500 से लेकर 3500 वर्ष पूर्व की कालावधि में नदी का जल–प्रवाह बढ़ गया था, क्योंकि प्रचुर वर्षा होने लगी थी – तब आज से 50 सैन्टिमीटर अधिक बारिश होती थी। लूणकरणसर और डीडवाणा सरोवरों के अवसादों में मिले परागकणों से पता चलता है कि 10,800 से लेकर 3500 वर्ष पूर्व की अवधि में घास की हरियाली के बीच चीड़ (पाइनस), सरमी (आर्टिमिज़िया) और साइज़ियम के वृक्ष उगे थे (सिंह आदि, 1974; ब्रायसन तथा स्वेन, 1981)।

लूणकरणसर के अवसाद में मिले कार्बनयुक्त पदार्थ की गवाही है कि 6300 वर्ष पूर्व सरोवर का जल–तल अकस्मात् उठा और 4800 वर्ष पूर्व सरोवर पूर्णतः सूख गया (ऐन्ज़ेल आदि, 1999)। सरोवर के सूखने का अर्थ

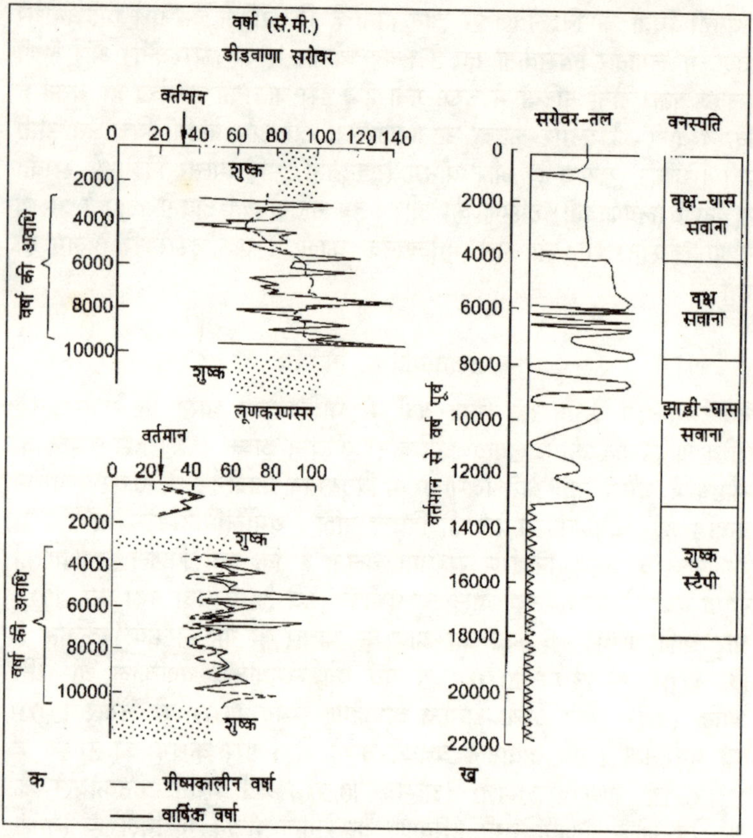

चित्र 2.7. लगभग 8500 वर्ष पूर्व से लेकर 4000 वर्ष पूर्व तक की अवधि में राजस्थान में खूब बारिश होती थी।

(क) डीडवाणा तथा लूणकरणसर सरोवरों के अवसादों में मिले परागकणों से पता चलता है कि 8500-4000 वर्ष पूर्व की अवधि में इस प्रदेश में ऐसे घास के मैदान थे जिनमें दूर-दूर पेड़ उगे हुए थे, और झाड़ियाँ थीं। परागकणों के साक्ष्य से निष्कर्ष निकलता है कि तब सरोवर-क्षेत्र में आज से दूनी-तिगुनी अधिक वर्षा होती थी। (ब्रायसन तथा स्वेन, 1981 के आधार पर)

(ख) लूणकरणसर सरोवर 6300-4800 वर्ष पूर्व की कालावधि में पानी से लबालब भरा था। (वास्सन, 1995 के आधार पर)

है कि अनार्द्र-शुष्क परिस्थिति लौट आयी थी। यह वही अवधि है जब हड़प्पा सभ्यता का अभ्युदय एवम् उत्कर्ष हुआ था। इसका अर्थ है कि शुष्कोष्ण जलवायु होते हुए भी हड़प्पा सभ्यता पनपी और फूली।

यह न समझा जाये कि ऐसे जलवायविक परिवर्तन केवल राजस्थान में ही हुए। वस्तुतः सम्पूर्ण भारतीय भूखण्ड का जलवायविक अनुभव एक–सा था (सारणी 2.1)।

उष्ण–आर्द्र बरसाती जलवायु के दौर में जल की प्रचुरता थी। सरस्वती अंचल की धरती वनस्पतियों से ढक गयी। लोग आ–आ कर उस अंचल में बस गये, विशेषकर उन स्थानों में जहाँ सदानीरा नदियों का जल सुलभ था। 10,000 से लेकर 3900 वर्ष की कालावधि में सरस्वती एवम् सिन्धु नदियों का जल वर्ष–भर प्रचुर मात्रा में उपलब्ध था, अतः उनके मैदानों में हरियाली थी। ये मैदान आबाद हो गये मनुष्यों की बस्तियों से (चित्र 1.3)।

सारणी 2.1. हॉलोसीन काल के विगत 10,000 वर्षों में भारतीय भूखण्ड में जलवायविक परिवर्तन

क्षेत्र (साक्ष्य)	जलवायु	
	उष्ण–आर्द्र वर्षाकाल (वर्ष पूर्व)	तप्त–शुष्क काल (वर्ष पूर्व)
अरब सागर (प्लवक फ़ोरैमिनिफ़ेरा)	10,500-5000	3500
पश्चिमी घाट, गोवा (स्थलीय अवसाद)	10,000-10,000	
कारवाड़, कर्नाटक (स्थलीय अवसाद)	10,500-5000	3500
नीलगिरि पर्वतांचल, तमिलनाडु (पास–पीट)	9000-8000	5000-2000
डीडवाणा–लूणकरणसर, राजस्थान (परागकण)	10800-4500 चरम 6000	4000–आजतक
गंगोत्री ग्लेशियर, उत्तराखण्ड (परागकण)	6500-4000	3500-3000
बगोंग्को सरोवर, लद्दाख (परागकण)	6000 (चरम)	4000-3000
दक्षिणपूर्वी तिब्बत (परागकण)	7500-3000	3000-2500

3

सरस्वती नदी का पथ

'सरसुती' नाम की सरिता

सिन्धु और गंगा क्षेत्रों के बीच में शिवालिक पहाड़ी से निकलती है एक छोटी-सी सरिता। आदिबदरी के पास से होकर बहती इस सरिता का नाम है सरसुती। कुछ आगे पेहोबा के पास उससे आ मिलती है मार्कण्डा नदी। असाधारण रूप से चौड़े पाट वाली इस क्षुद्र नदी का उद्गम शिवालिक की पहाड़ियों में है। कुछ और आगे रसुला में सरसुती घग्घर नदी में खो जाती है। घग्घर निकली है मोरनी पहाड़ी से। पटियाला के 25 कि.मी. दक्षिण में शतराना के निकट घग्घर से मिलता है एक जलहीन चौड़ा नाला जो रोपड़ से आता है (चित्र 3.1)। इस नाले का पाट इतना चौड़ा है कि लगता है इसकी वाहिका में कभी कोई बड़ी नदी बहती थी। किन्तु आज तो उसमें सरहिन्द नहर का पानी बहता है। रोपड़ वह स्थान है जहाँ दक्षिण को बहती सतलुज अचानक पश्चिम की ओर मुड़ जाती है। दक्षिणी दिशा में चली जाती हैं अनेक सूखी वाहिकाएँ, जिनमें से एक है सरहिन्द नहर का मार्ग।

शतराना के आगे घग्घर और रोपड़ से आने वाले सरहिन्द नाले के संगम के बाद घग्घर का पाट छह से आठ किलोमीटर चौड़ा हो जाता है। सिरसा के पास खड़ा है एक पुराने किले का ध्वंसावशेष। इस किले का नाम है "सरसुती"। पश्चिम में अनूपगढ़ के निकट घग्घर दो शाखाओं में विभक्त होकर रेतीले टीलों में खो जाती है। चौड़े पाट वाली घग्घर नदी में आज केवल बाढ़ का पानी बहता है, वह भी वर्षाकाल में कुछ ही दिन।

क्या मार्कण्डा–घग्घर नदी अतीत की महान नदी सरस्वती की वाहिका थी ? बहुसंख्य पुरातत्ववेत्ता और भूविज्ञानी यही मानते हैं (आर.डी. ओल्डम, 1886; सी.ऐफ़. ओल्डम, 1893; स्टाइन, 1942; भार्गव, 1964; वल्दिया, 1968, 1984, 1996a, 1999, 2002; रायकिस, 1968; विल्हैल्मी, 1969; भान, 1972; वाकणकर, 1987; भारद्वाज, 1987; राव, 1991; राजाराम, 1994, 1999; मिश्र, 1995b; लाल, 2002, 2008; कल्याणरमण, 2003, 2008) । "नासा" और "इस्रो" के उपग्रहों से खींचे गये चित्रों से इस विलुप्त नदी का स्वरूप और विस्तार प्रखर रूप से उजागर हो जाता है (घोष आदि, 1979; यशपाल आदि, 1980; सूद तथा सहाय, 1983; कर तथा घोष, 1984; बाकलीवाल तथा ग्रोवर, 1988; रामसामी आदि, 1991; रामसामी, 1999; कर, 1999b; शर्मा आदि, 1999; गुप्त आदि, 2004, 2008; चौधरी, 2008) ।

हिम–मण्डित पर्वतांचल में उद्‌गम

घग्घर नदी की 6 से 8 कि.मी. चौड़ी वाहिका (चैनेल) इस तथ्य की सूचक है कि कभी उसमें जल की विपुल राशि प्रवाहित होती थी । शिवालिक में उपजी क्षुद्र नदियों और सरिताओं का जलदान इतना अधिक नहीं हो सकता था । अतः यह निष्कर्ष तर्कसंगत लगता है कि शिवालिक के पार हिमालय के हिम–प्रदेश में ही कहीं उस बड़ी नदी का उद्‌गम था ।

घग्घर से मिलने वाली मार्कण्डा नदी का पाट असाधारण रूप से चौड़ा है, मानो कभी वह किसी बड़ी नदी की वाहिका थी । एक छोटे–से जलविभाजक के पार पूर्व में है अत्यधिक चौड़े पाट वाली बाटा नदी । वह पूर्व की ओर बह कर यमुना में मिल जाती है । पाँवटासाहब के पास शिवालिक अंचल में (चित्र 3.3, प्लेट 2) मार्कण्डा एवम् बाटा दोनों ही छोटी सरिताएँ हैं । परन्तु दोनों का पाट इतना चौड़ा है कि प्रतीत होता है जैसे कोई बड़ी नदी बहती थी इनकी घाटियों में । दिलचस्प बात तो यह है कि बाटा के तट पर चार कालों में बनी वेदिकाएँ (टैरेस) हैं, जिनमें सबसे पुरानी वेदिका नदी–तल से 186 मीटर ऊपर है (चित्र 3.3ख) । बजरी–प्रधान अवसादी वेदिकाएँ पाँवटासाहब के उत्तर में गरीबनाथ और कुछ पश्चिम में कोलार के निकट सूदनवाला में देखे जा सकते हैं । सबसे पुरानी वेदिका के अवसाद में ऐसी बटियाओं–गुटिकाओं (गोलाकार शिलाखण्ड) की भरमार है जो इस अंचल के बाहर के रूपान्तरित शैल जैसे क्वॉर्टज़ाइट, फ़िलाइट, शिस्ट आदि से काट–घिस कर लायी गयी हैं (पुरी तथा वर्मा, 1998; पुरी, 2008) । ये शैल शिवालिक अंचल से दूर हिमालय की आन्तरिक श्रेणियों में मिलते हैं । उनका शिवालिक अंचल में नामोनिशान नहीं मिलता । शिवालिक तो

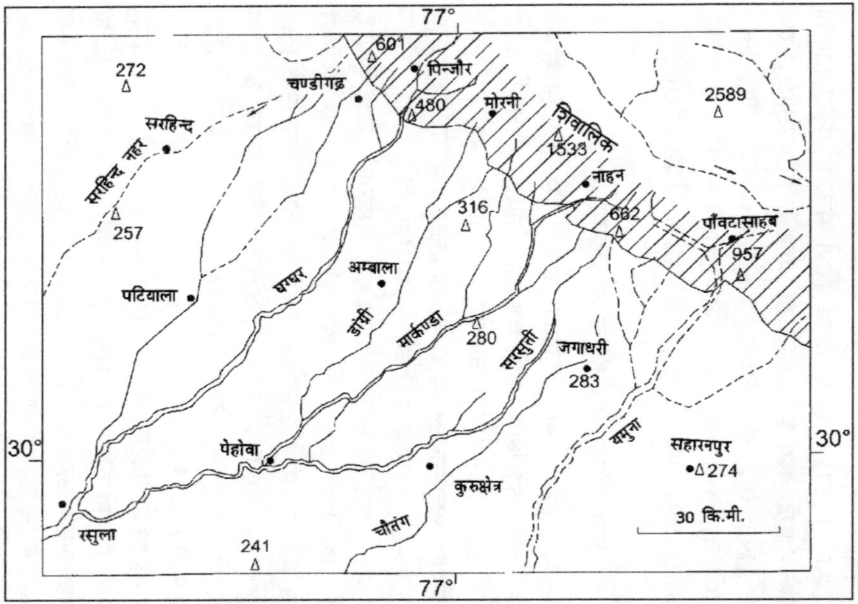

चित्र 3.1. शिवालिक के पहाड़ी अंचल से निकल कर चौड़े पाट वाली मार्कण्डा नदी तलहटी में उपजी 'सरसुती' सरिता से मिलती है । रसुला में सरसुती घग्घर नदी से जा मिलती है । शतराना के पास रोपड़ से आने वाला चौड़े पाट वाला नाला मिलता है, जिसमें आज सरहिन्द नहर बनी हुई है ।

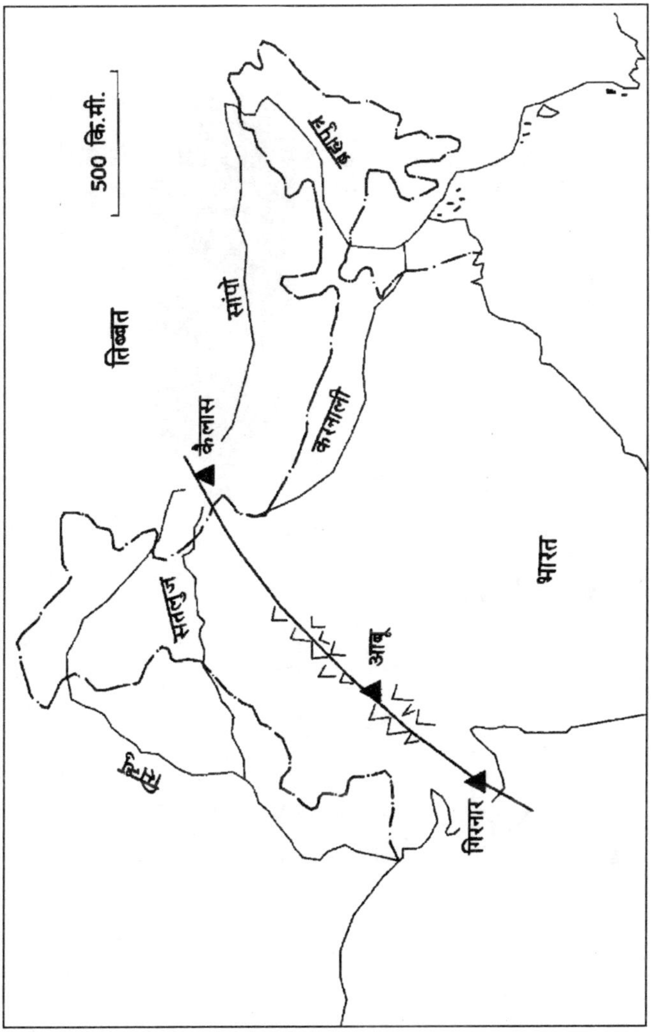

चित्र 3.2 कैलास पर्वत को अर्बुद पर्वत (माउन्ट आबू) होते हुए गिरनार शिखर से जोड़ने वाले अक्ष के भूभाग में एक भी सदानीरा नदी नहीं है। (वल्दिया, 2002 से)

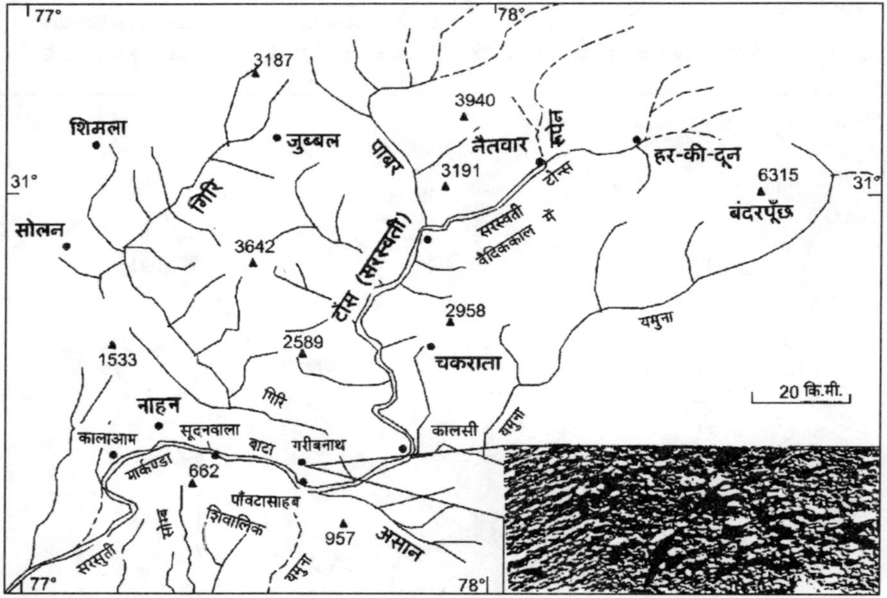

चित्र 3.3.(क) हर–की–दून ग्लेशियर से निकलने वाली तमसा अर्थात् टोंस नदी की सहायक नदियाँ। यमुना की तुलना में टोंस नदी का जलप्रवाह अधिक है, अतः टोन्स ही मुख्य नदी है। ध्यान दें, यमुना से मिलने के बाद टोन्स एकदम पश्चिम को मुड़ जाती है और चौड़े पाट पर बहती है।

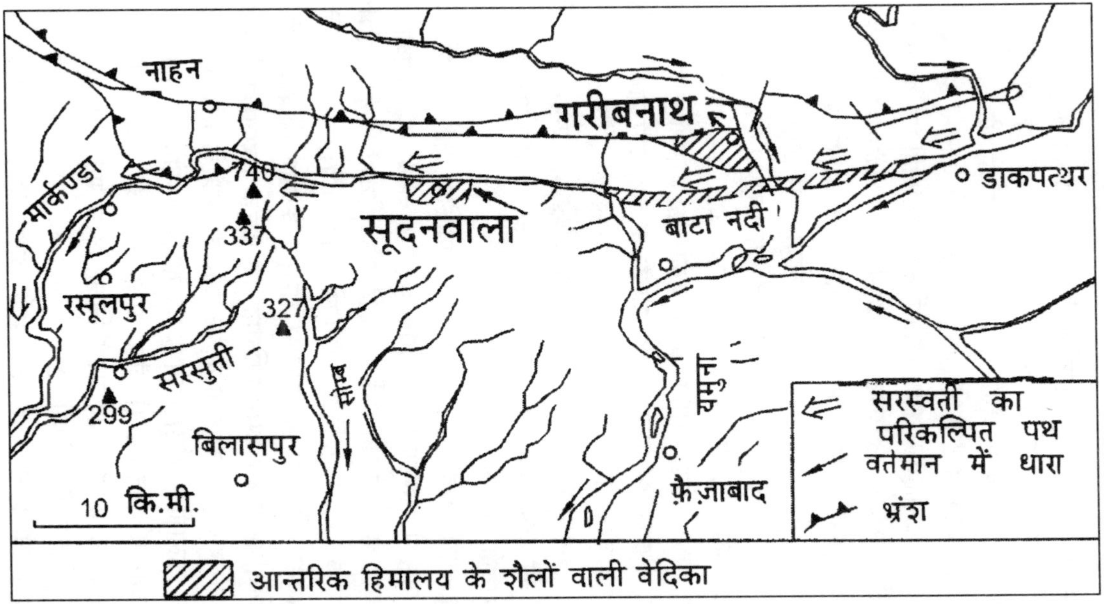

चित्र 3.3.(ख) शिवालिक अंचल में पूर्व से पश्चिम को बहने वाली मार्कण्डा और पश्चिम से पूर्व की ओर बहने वाली बाटा क्षुद्र नदियाँ हैं। परन्तु इनके एकदम सीधे पाट असाधारण रूप से चौड़े हैं। बाटा के चौड़े पाट में बनी हुई हैं अवसादी वेदिकाएँ, जिनमें आन्तरिक हिमालय के शिलाखण्डों की भरभार है। ध्यान दें, बाटा विसर्जित होती है पूर्व से सीधे पश्चिम को बहती हुई यमुना में। यमुना का पाट भी बेहद चौड़ा है।

पूर्णतः अपेक्षाकृत नरम सैन्डस्टोन, शेल और मडस्टोन का बना है। बाटा-मार्कण्डा की नयी (निचली) वेदिकाओं में इन्हीं शैलों की बटियाएँ-गुटिकाएँ हैं। शिवालिक अंचल में आन्तरिक हिमालय के शिलाखण्डों की उपस्थिति का एक ही अर्थ हो सकता है – आन्तरिक हिमालय में जन्मी कोई नदी इन्हें लायी और यहाँ अपने तट पर जमा कर गयी। इससे स्पष्ट हो जाता है कि कभी बाटा सरिता हिमालय में जन्मी बड़ी नदी की वाहिका थी।

मानचित्र को ध्यान से देखें तो ज्ञात होगा कि सीधे पूर्व की ओर बहती हुई बाटा सरिता पाँवटासाहब में सीधे पश्चिम की ओर बहती हुई यमुना नदी से मिलती है (चित्र 3.3 क, ख, प्लेट 2)। यमुना का पाट भी असाधारण रूप से चौड़ा है। कालसी के पास यमुना का टोन्स नदी से संगम होता है। बंदरपूँछ शिखर के पश्चिम में हर-की-दून ग्लेशियर से उत्पन्न होने वाली टोन्स (तमसा) नदी (प्लेट 3क) का जलप्रवाह यमुना से अधिक है। अतः टोन्स ही मुख्य नदी है। टोंस ऐसे पहाड़ों को काट कर बहती है जो क्वॉर्टज़ाइट, फ़िलाइट, शिस्ट-समेत अनेक प्रकार के रूपान्तरित शैलों के बने हैं। कहना न होगा कि टोन्स ही वह नदी है जो बाटा और मार्कण्डा के मार्ग से होती हुई कालाआम के पास मैदान में उतरती थी (चित्र 3.3) और रसूला के पास घग्घर से मिलती थी। दूसरे शब्दों में, घग्घर नदी ही हिमालय-मूल की टोन्स नदी का मध्य-मार्ग है। आज की टोन्स नदी ही अतीत की सरस्वती नदी की पूर्वी शाखा तमसा है।

एक महत्वपूर्ण तथ्य यह भी है कि शिवालिक की तलहटी में आदिबदरी के पास में सरसुती सरिता (चित्र 3.3) द्वारा बनायी गयी वेदिका में भी हिमालय-मूल के शैलों की वैसी ही बाटियाएँ-गुटिकाएँ मिली हैं जैसी बाटा की पुरानी वेदिकाओं में मिलती हैं (पुरी, 2008)। ऐसा लगता है कि अतीत में सरस्वती नदी मैदान पर उतरकर सरसुती के मार्ग से बहती थी। कालान्तर में विचलित होकर उसने पश्चिमी पथ पकड़ा। हाल ही में एक और तथ्य उजागर हुआ है। सरसुती के तट और कुरुक्षेत्र के मध्य भोरसैंदा में जो दो-एक किलोमीटर चौड़ा नाला है वह बालू-रेत-मिट्टी से पटा हुआ है – उसी प्रकार के अवसाद से जैसा घग्घर नदी की वाहिका में है। भोरसैंदा के अवसाद में 3375 वर्ष पुराने चित्रित धूसर मृद्‌भाण्ड (पेंटेड ग्रे वैयर) के टुकड़े मिलते हैं (चौधरी, 2008)। यही नहीं, एक दूसरे नाले के रेत-बालू में हिमालयी शैलों के संघटक भारी खनिज (हॉर्नब्लैन्ड, टूर्मलिन, गार्नेट, बायोटाइट आदि) विद्‌यमान हैं (चौधरी, 2008)। अधिक घनत्व वाले इन खनिजों के आकार-प्रकार को देखकर लगता है कि वे बाढ़ की मिट्टी के

साथ दूर हिमालय से आये थे। हाल ही में कलायत के पास अचानक पुरातन मीठे पानी का सोता फूट पड़ा था और पानी के साथ निकली रेत–मिट्टी में ऐसे भारी खनिज बाहर आये जिनका मूल हिमालय की चट्टानें हैं (चौधरी, 2008)।

स्पष्ट है कि हिमालय में उपजी सरस्वती 3375 वर्ष पूर्व तक सरसुती की वाहिका से होती हुई और घग्घर नदी का जल ग्रहण करती हुई आगे बहती थी (चित्र 3.4)।

उपरोक्त सरस्वती की पश्चिमी शाखा थी शतद्रु (सतलुज), जिसका उद्‌गम कैलास पर्वत के निकट मानसरोवर क्षेत्र में है (प्लेट 3ख)। हूणदेश (दक्षिणपश्चिमी तिब्बत) की यह नदी हिमालय की उत्तुंग श्रेणियों को काटती हुई रोपड़ के पास मैदान में उतरती है। दूर अतीत में वह चौड़े पाट वाली उस वाहिका के मार्ग से दक्षिण दिशा में बहती हुई शतराना के पास सरस्वती से जा मिलती थी (चित्र 3.4)।

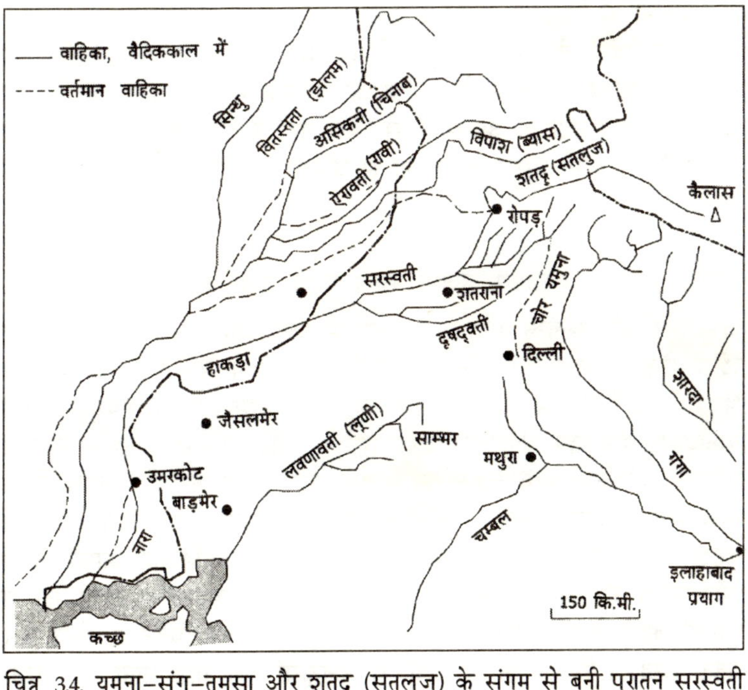

चित्र 3.4. यमुना–संग–तमसा और शतद्रु (सतलुज) के संगम से बनी पुरातन सरस्वती उस अंचल से होकर बहती थी जो आज मरुस्थल है। उसकी एक सहायक थी दृषद्‌वती जो आज जलहीन चौतंग नाला बन गयी है। (वल्दिया, 1996)

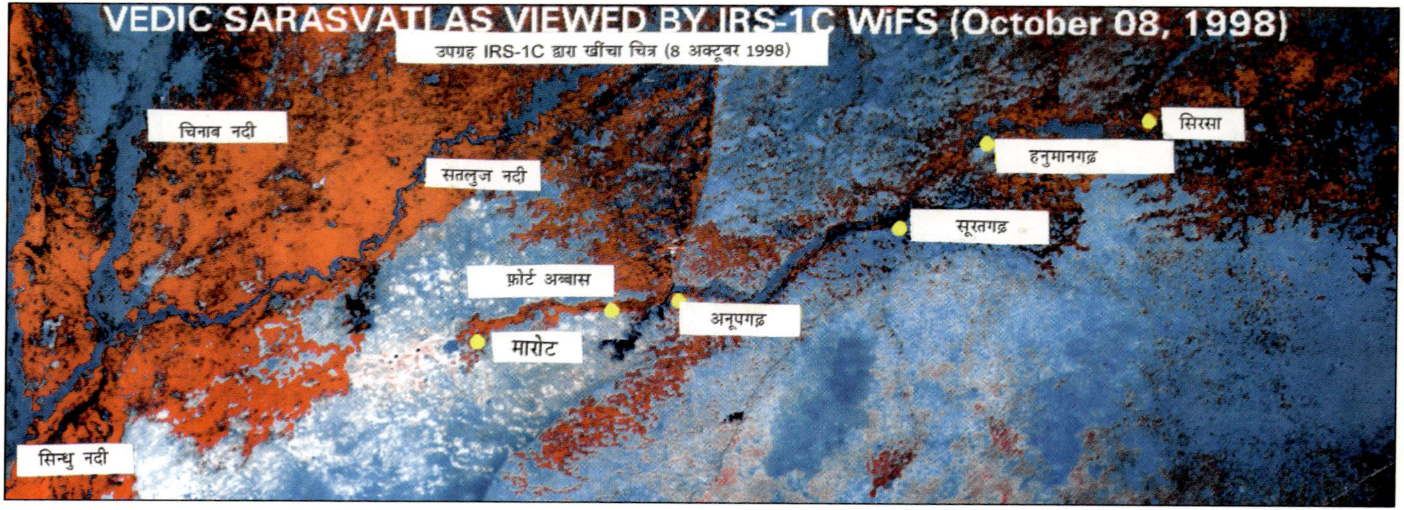

प्लेट 4. घग्घर नदी के मध्यवर्ती मार्ग का उपग्रही चित्र। पश्चिम में घग्घर दो धाराओं में विभाजित होकर थार रेगिस्तान में खो जाती है। इस नदी के आगे का पथ सफेद रंग के लवण–युक्त बालू की पट्टी प्रदर्शित करती है। गहरा नीला रंग बताता है कि सिंचाई के कारण धरती भीतर–ही–भीतर पानी से तर हो गयी है।

(सौजन्य : ए.ऐस. रजावत, स्पेस अप्लिकेशन सैन्टर, अहमदाबाद)

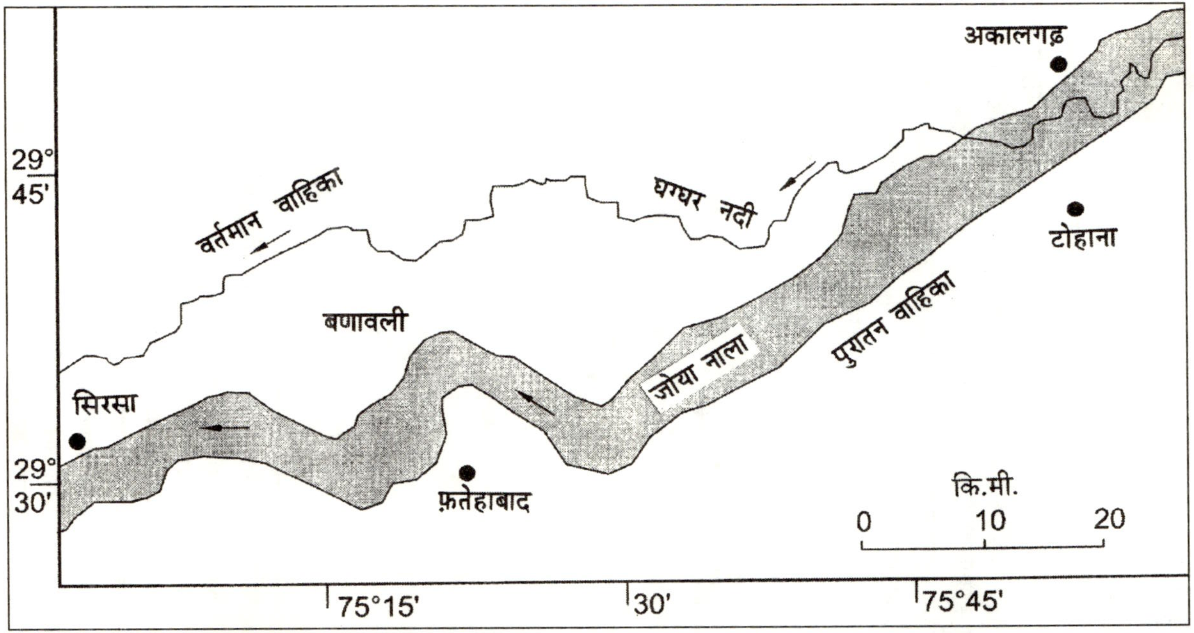

चित्र 3.5. घग्घर नदी की 6-8 कि.मी. चौड़ी वाहिका कभी सरस्वती का मार्ग थी । घग्घर अपना नया रास्ता बना कर आज कुछ अन्तर में बहती है । अपने समय में सरस्वती बार–बार अपने पुराने पथों को छोड़कर उत्तरोत्तर उत्तरी मार्गों से बहती थी । (सूद तथा सहाय, 1983 के आधार पर)

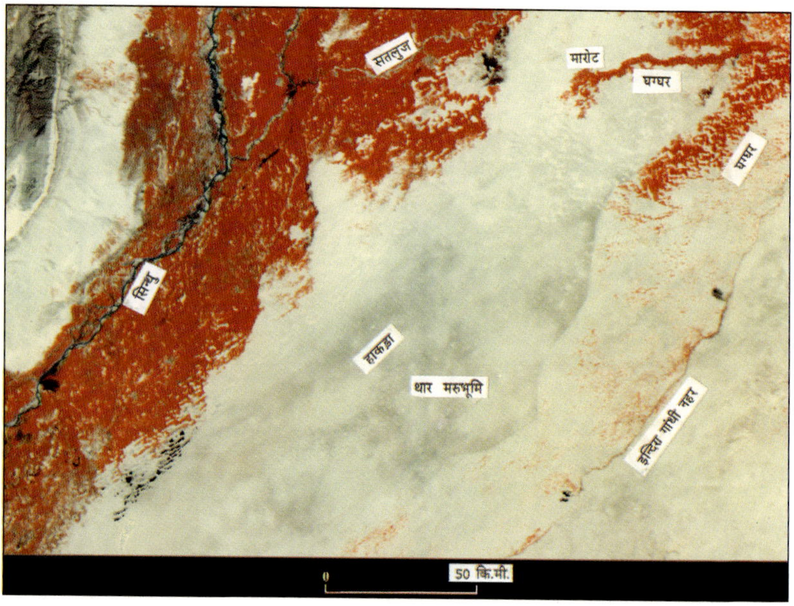

प्लेट 6. उपग्रह आई.आर.ऐस. डी–1 उपग्रह द्वारा खींचे गये इस चित्र में पाकिस्तान के बहावलपुर (चोलिस्तान) क्षेत्र में घग्घर नदी दिख रही है जो थार मरुभूमि में खो जाती है । चित्र 14 फरवरी 2000 को खींचा गया ।
(सौजन्य : नैशनल रिमोट सैन्सिंग ऐजेन्सी, हैदराबाद ।)

जलधारक। इस आन्तर्भौम जल का एक विशिष्ट रासायनिक गुण यह है कि इसमें हाइड्रोजन के भारी आइसोटोप ट्राइटियम की मात्रा नगण्य है (चित्र 3.6)। इसका यह अर्थ है कि इस भूमिगत जल का आकाशीय वर्षाजल से कोई सम्बन्ध नहीं है, कि यह वह बरसाती पानी नहीं है जो रिस कर भूमिगत हो गया था और हो रहा है (नायर आदि, 1999)। महत्वपूर्ण बात तो यह है कि 30–50 मीटर की गहराई वाला पानी 1800 से 5000 वर्ष पुराना है तो 60–250 मीटर की गहराई के जलधारक के जल की आयु 6000 से लेकर 22,000 वर्ष तक है (नायर आदि, 1999)। जल का आयु–निर्धारण रेडियोधर्मिता विधि से किया गया।

सीमा–पार पाकिस्तान के चोलिस्तान प्रदेश में पूर्व–से–पश्चिम दिशा में 500 कि.मी. लम्बे और 16 से 24 कि.मी. चौड़े मैदान में अवस्थित हैं हड़प्पा काल की बीसियों बस्तियाँ (चित्र 3.7 तथा 4.6)। ये नगर इस तथ्य के साक्ष्य हैं कि हड़प्पा काल में हाकड़ा सदानीरा नदी थी। फ़ोर्ट अब्बास और फ़ोर्ट मोजगढ़ के बीच रेगिस्तान में मीठे पानी के आन्तर्भौम भण्डार मिले हैं। सौ मीटर मोटा जलधारक चूने और अभ्रक से युक्त महीन बालू तथा स्वल्प मिट्टी का बना है (चित्र 3.7)। ऑक्सिजन एवम् हाइड्रोजन के आइसोटोपों के अनुपात की दृष्टि से इस जल का रासायनिक संघटन जैसलमेर–हनुमानगढ़ के आन्तर्भौम जल जैसा ही है, किन्तु ट्राइटियम का नितान्त अभाव है। और जल की आयु है 15,700 से लेकर 7700 वर्ष पूर्व और 12,900 से लेकर 4700 वर्ष पूर्व तक (गेह तथा प्लीथ्नर, 1995)।

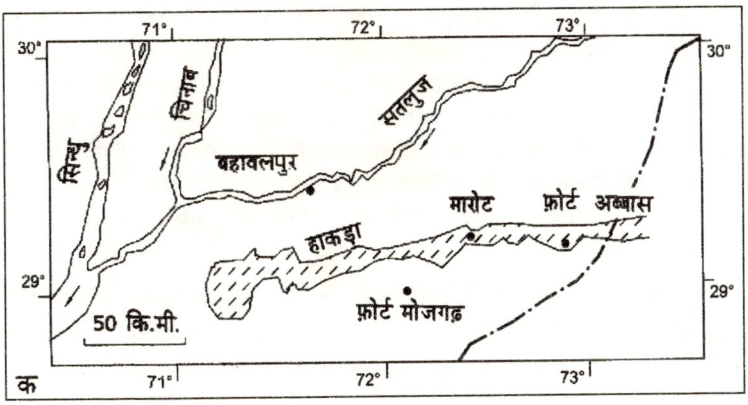

चित्र 3.7. (क) पाकिस्तान के चोलिस्तान प्रदेश में हाकड़ा नदी का विशाल मैदान। महीन बालू तथा स्वल्प मिट्टी का बना है यह मैदान।

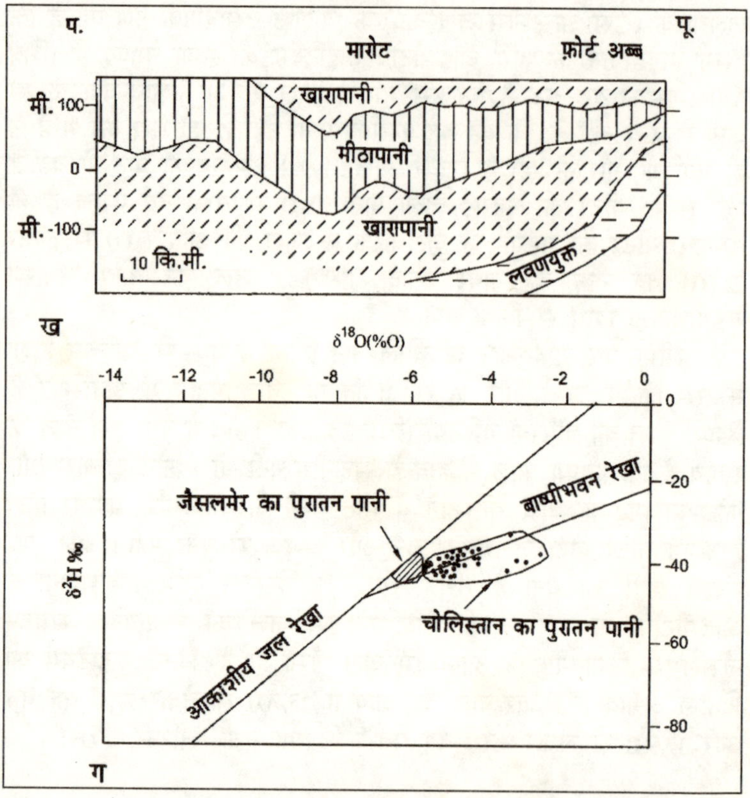

चित्र 3.7. (ख) हाकड़ा की लवणयुक्त, चूनामय धरती के तले मीठे पानी का जलधारक, जिसकी मोटाई 100 मीटर है ।

(ग) ऑक्सिजन एवम् हाइड्रोजन के आइसोटोपों के अनुपात के आधार पर यह स्पष्ट कहा जा सकता है कि जलधारक के मीठे पानी का आज की बारिश के पानी से कोई सम्बन्ध नहीं है । (गेह तथा प्लीथ्नर, 1995)

(घ) तुलना के लिए चोलिस्तान और जैसलमेर के भूमिगत मीठे पानी का रासायनिक संघटन प्रदर्शित है । (नायर आदि, 1999)

दक्षिणपूर्वी सिन्ध में हाकड़ा 'नारा' के नाम से जानी जाती है । नारा नदी धँसी हुई धरती में बहती है । आज उसमें केवल बाढ़ का पानी बहता है । ऐतिहासिक काल में ही नारा ने अनेक बार अपना मार्ग बदला था ।

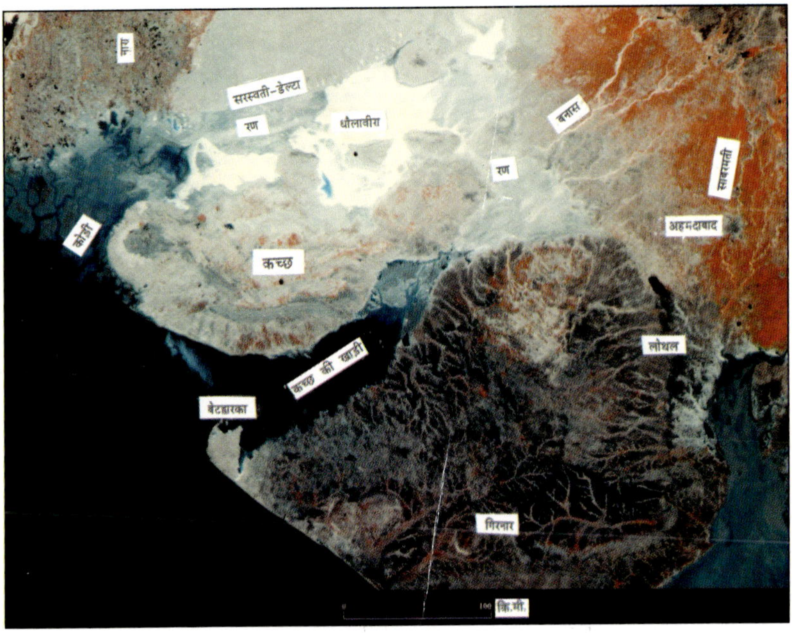

प्लेट 7. सरस्वती नदी के निचले मार्ग का यह चित्र उपग्रह आई.आर.ऐस. डी–1 द्वारा 17 फरवरी 2000 को खींचा गया। अरब सागर के अंग कच्छ की खाड़ी में बना डेल्टा बताता है कि सरस्वती इस खाड़ी में विसर्जित होती थी।
(सौजन्य : नैशनल रिमोट सैन्सिंग ऐजेन्सी, हैदराबाद।)

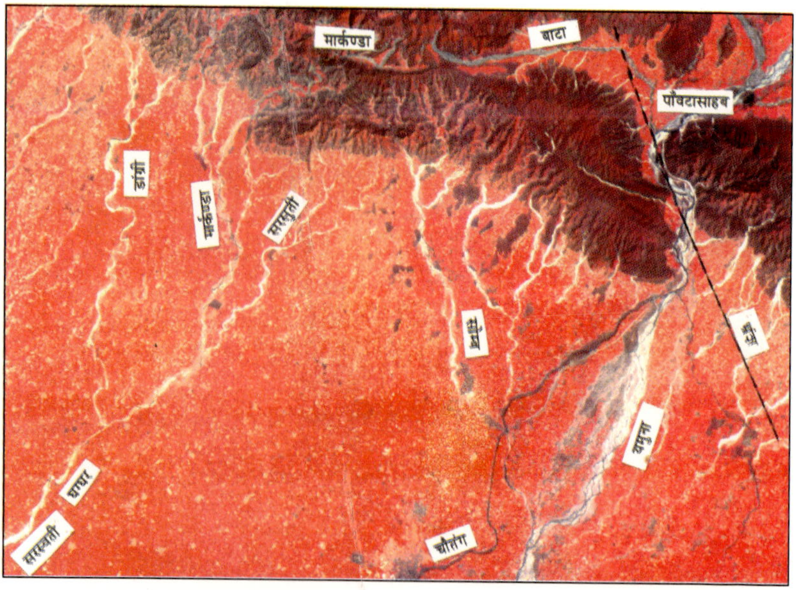

प्लेट 8. बायीं ओर सिरे पर पश्चिमोत्तर से दक्षिणपूर्व तक बना सक्रिय भ्रंश शिवालिक श्रेणी को विभाजित कर देता है । ध्यान दें, भ्रंश पर शिवालिक श्रेणी का बड़ा पश्चिमी भाग दक्षिणपूर्व दिशा में सरक गया है । पूर्व काल में पश्चिम की ओर बह रही नदी इस भ्रंश द्वारा विकसित पथ के कारण दक्षिण की ओर मुड़ गयी और शिवालिक पार कर मैदान में यमुना नाम से बहने लगी । ध्यान दें, आज की यमुना में मिलने वाली बाटा सरिता की वाहिका असाधारण रूप से चौड़ी है ।
(सौजन्य : नैशनल रिमोट सैन्सिंग ऐजेन्सी, हैदराबाद ।)

सरस्वती का डेल्टा, समुद्रसंगम

नारा नदी के मुहाने पर कच्छ के रण में एक बड़ा डेल्टा है। यह डेल्टा पच्छम और खडीर द्वीपों से लेकर बन्नी मैदान तक फैला हुआ है। खडीर इस डेल्टे के दक्षिणपूर्वी छोर पर अवस्थित है। नारा के मुहाने पर बने डेल्टे में दिखती हैं अनेक वाहिकाएँ (चैनेल) जो कभी किसी बड़ी नदी की जलवितरक

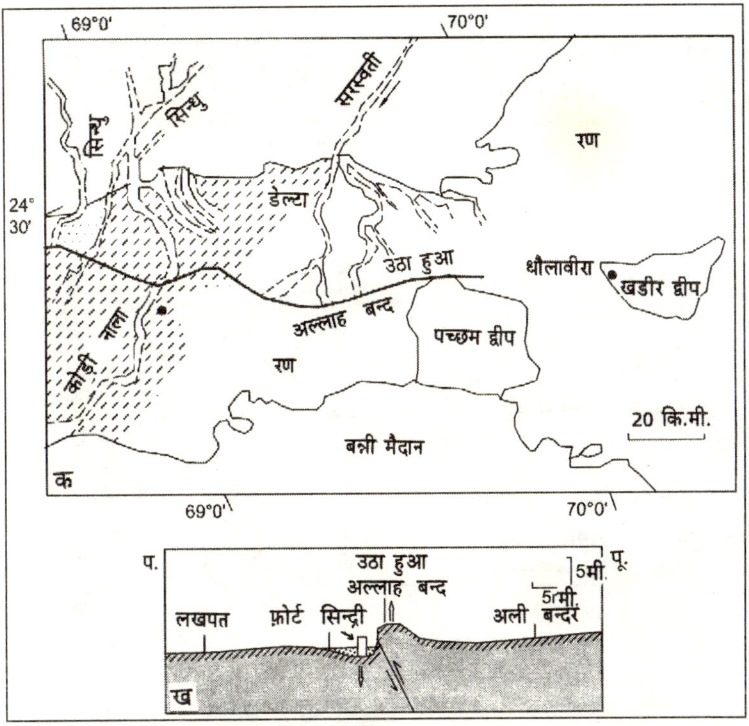

चित्र 3.8. (क) सरस्वती और सिन्धु नदियों के डेल्टों में पुरातन वाहिकाएँ, जो जलवितरक (डिस्ट्रिब्यूटरी) थीं। डेल्टों की दक्षिणी सीमा बनाता है अल्लाह बन्द, जिसकी उत्पत्ति ज़मीन पर दरार खिलने से हुई थी। (मलिक आदि, 1999 के आधार पर)

(ख) सरस्वती–डेल्टे के सैक्शन से स्पष्ट हो जायेगा कि अल्लाह बन्द कैसे बना। दरार के खिलने के बाद उत्तरी धरती उठ गयी, उभर गयी। (बिलहैम आदि 1998 के आधार पर)

(क)

(ख)

प्लेट 10. (क) बेटद्वारका के पूर्वी भाग में जो पत्थर की दीवार है उसमें 3528 वर्ष पुराने मृद्भाण्ड के टुकड़े मिले। इस दीवार का एक भाग उस समय जलमग्न हो गया जब द्वारका का भूभाग धँस गया था।

(ख) बेटद्वारका के पूर्व में समुद्र के नितल में मिले पत्थर के लंगर। इनमें बने अनूठे तीन छेद ईसापूर्व 14वीं शताब्दी में सीरिया तथा साइप्रस में मिले लंगरों से बहुत मिलते-जुलते हैं।

(प्लेट क, ख: ऐस्.आर. राव, 1999 से)

(डिस्ट्रिब्यूटरी) थीं। वह बड़ी नदी सरस्वती ही हो सकती है जो नारा के पथ से बहकर कच्छ की खाड़ी में विसर्जित होती थी। तब कच्छ की खाड़ी पच्छम–खडीर द्वीपों के कुछ उत्तर तक फैली हुई थी। डेल्टे में टीले या द्वीप जैसे उभरे–उठे भूभाग (बेट) महीन बालू और रेत के बने हैं। उनके बीच सँकरी, धँसी हुई पट्टियों की भूमि में लवणयुक्त मिट्टी है – समुद्री मिट्टी है। इन पट्टियों में नमी रहती है, हरियाली रहती है। ये सँकरी, नम, हरी–भरी पट्टियाँ पुरातन जलवितरक प्रदर्शित करती हैं। एक महत्वपूर्ण बात यह है कि डेल्टे के बालू–रेत में अधिक घनत्व वाले हॉर्नब्लैन्ड, ज़र्कन, रूटाइल, सरीखे भारी खनिज तथा बायोटाइट, मस्कोवाइट मिलते हैं, जो कदाचित् हिमालय से बहकर आये थे (मलिक आदि, 1999)। कहना न होगा कि कच्छ की खाड़ी का यह डेल्टा इस तथ्य का साक्षी है कि जिस नदी ने इसकी रचना की थी, वह हिमालय में उपजती थी।

जैसा कि कहा जा चुका है, कभी कच्छ की खाड़ी का यह भाग अरब सागर का हिस्सा था। नदियों द्वारा लाई गयी रेत–मिट्टी से भरकर वह धीरे–धीरे उथली होती हुई लवणयुक्त दलदली मैदान में बदल गयी। इस मैदान को 'रण' कहते हैं। वर्षाकाल में रण जलमग्न हो जाता है, समुद्र का भाग बन जाता है।

कालान्तर में एक दरार खिली, पूर्व से पश्चिम दिशा में (चित्र 2.2 तथा 3.8)। इससे डेल्टे का उत्तरी भाग ऊपर उठ गया। उठी हुई भूमि में बना 'अल्लाह बन्द', जो नब्बे किलोमीटर लम्बा एक कटक है (चित्र 3.8 प्लेट 9 क)। उपग्रही चित्रों से पता चलता है कि लूणी नदी ने पूर्वी छोर पर और सिन्धु नदी ने पश्चिमी भाग में अपने–अपने डेल्टे बनाये थे। ज्ञातत्व है कि अतीत में सिन्धु नदी भी कच्छ की खाड़ी में विसर्जित होती थी (चित्र 3.9)।

अतीत का परिदृश्य

संक्षेप में, आज की सतलुज और यमुना–के–संग टोन्स के संगम से बनी सरस्वती नदी छह से आठ किलोमीटर चौड़े पाट वाली वाहिका – जिसे आज घग्घर नदी कहते हैं – से बहती हुई दक्षिणपश्चिम हरियाणा और पश्चिमोत्तर राजस्थान और संलग्न चोलिस्तान को सींचती थी (प्लेट 15)। उसकी सहायक थी दृषद्वती नदी, जो आज चौतंग के नाम से जानी जाती है। इस अंचल में सरस्वती के मैदान पर हड़प्पा काल के सैकड़ों नगर बसे थे। कालान्तर में अनूपगढ़ के पश्चिम में मरुस्थल में सरस्वती खो गयी। पाकिस्तान के चोलिस्तान के 500 कि.मी. लम्बे मैदान में हाकड़ा के नाम से

सरस्वती नदी द्वारा पोषित सभ्यता के बीसियों नगर थे। उसके आगे पूर्वी सिन्ध राज्य की नारा नदी के मार्ग से होती हुई वह कच्छ की खाड़ी में विसर्जित होती थी। कच्छ की खाड़ी का विस्तार तब पच्छम तथा खडीर द्वीपों के कुछ उत्तर तक था। समुद्र का यह भाग आज लवणयुक्त दलदली मैदान 'रण' में बदल गया है। रण के उत्तरी भाग में बना डेल्टा साक्षी है कि हिमालय में जन्मी सरस्वती नदी अगणित धाराओं में विभाजित होकर सागर में विलीन हो जाती थी।

4

आबाद था सरस्वती अंचल

अनुकूल थी परिस्थितियाँ

पश्चिमोत्तर भारत की जलवायु पिछले लगभग दो लाख वर्षों से अनार्द्र-शुष्क रही है। किन्तु बीच-बीच में वर्षाकाल आता था और धरती शस्य-श्यामला हो जाती थी। 40,000 से लेकर 20,000 वर्ष पूर्व की अवधि में जलवायु आर्द्र हो गयी थी (धीर आदि, 1994)। तब सिन्धु एवम् सरस्वती के मैदान-सहित संलग्न पहाड़ियाँ हरी-भरी हो गयीं थीं। उसके बाद 13,000 से लेकर 10,000 वर्ष पूर्व की कालावधि अत्यन्त शुष्कोष्ण रही। किन्तु फिर 10,800 से लेकर 3500 वर्ष पूर्व के हॉलोसीन काल में प्रचुर वर्षा होती थी – आज से दुगुनी-तिगुनी अधिक बारिश से यह अंचल जीवन्त हो गया था। हरा-भरा सिन्धु-सरस्वती अंचल बसने योग्य हो गया था।

पाषाणकालीन लोग

अनुकूल जलवायु और धरती की हरियाली से आकर्षित होकर यायावर शिकारी लोग बाहर से आ-आ कर सरस्वती अंचल में बसने लगे। जहाँ कहीं पानी मिला, भोजन उपलब्ध था, और उपकरण बनाने के लिए उपयुक्त पत्थर व खनिज थे, घुमन्तु लोग अस्थायी बस्तियाँ बनाकर बसने लगे – खाइयों में, गुफाओं में (चित्र 4.1)। प्रस्तर उपकरणों और उनके रहने के ढंग से पता चलता है कि इन पाषाणकालीन लोगों का पर्यावरण और प्रकृति के प्रति लगाव था। मध्य प्रदेश में भोपाल के निकट भीमबेटका की गुफाओं में बने भित्तिचित्रों में झलकता है उन लोगों का जीव-जन्तुओं से प्रेम।

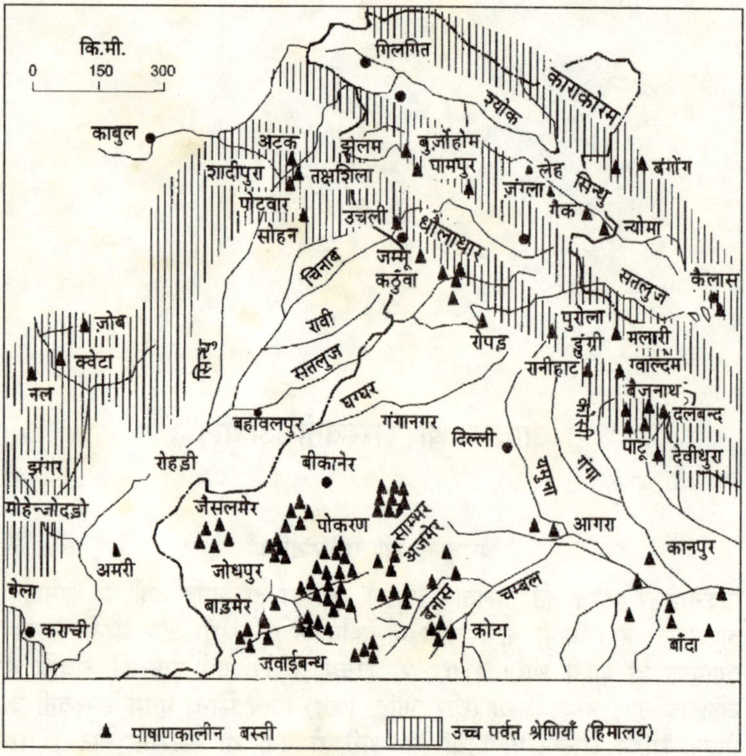

चित्र 4.1. पश्चिमोत्तर भारत में पाषाणकालीन बस्तियाँ
(बोस तथा सेन, 1958, मिश्र, 1959 तथा वल्दिया, 1998 पर आधारित)

प्रस्तर उपकरण बनाने की कला में समय के साथ सुधार होता गया, उपकरणों में निखार आता गया । उपकरणों के निखार के आधार पर पाषाणयुग को पाँच भागों में विभाजित किया गया है (सारणी 4.1) – पूर्व पुरापाषाणकाल (लोवर पैलियोलिथिक), मध्य पुरापाषाणकाल, उत्तर पुरापाषाणकाल (अपर पैलियोलिथिक), मध्य पाषाणकाल (मिसोलिथिक) और नूतन पाषाणकाल (नियोलिथिक) या ताम्र–पाषाणकाल (चैल्कोलिथिक) ।

देश के विभिन्न क्षेत्रों के विशेष स्थानों में हुई खुदाई से मध्य प्लायस्टोसीन से लेकर आरम्भिक हॉलोसीन युग तक के लम्बे समय में पाषाणकाल का इतिहास उजागर हुआ है । अस्थायी बस्तियों का एक अटूट सिलसिला देखा गया है । उपकरणों की रचना–विधियों में प्रगति होने के साथ–साथ उनका भौगोलिक विस्तार भी होता गया । पूर्व पुरापाषाणकाल

(क)

(ख)

प्लेट 11. (क) धौलावीरा नगर में भूकम्प के धक्कों के कारण झुकी–टूटी दीवार ।
(ख) धौलावीरा में गन्दे पानी के निकास के लिये बनी नाली ।
(क, ख सौजन्य : आर. ऐस, बिष्ट)

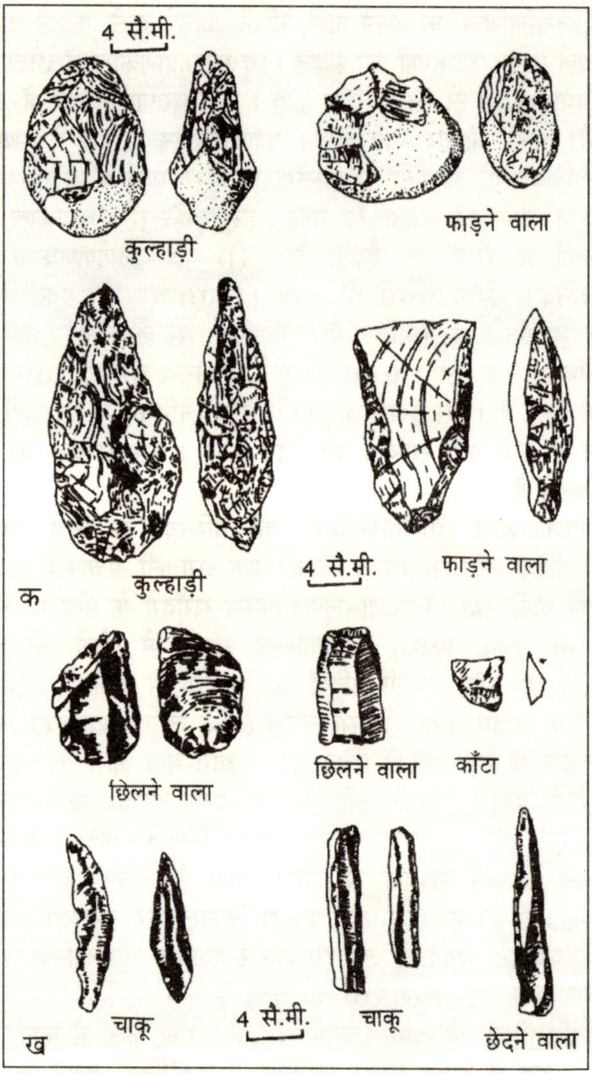

चित्र 4.2 (क) पाषाणकाल के आरम्भ – अर्थात् पूर्व पुरापाषाणकाल (लोवरपैलियोलिथिक) – के उपकरण अशूली सभ्यता के सूचक हैं।

(ख) सूक्ष्म प्रस्तर उपकरण (माइक्रोलिथ) मध्य पुरापाषाणकाल, उत्तर पुरापाषाणकाल, मध्य पाषाणकाल और नूतन पाषाणकाल (निओलिथिक) की अवधि में बनते थे।

(ऑल्किन तथा ऑल्किन, 1993 के आधार पर)

वनस्पतियों के गुणों का सम्यक् ज्ञान होने के कारण शिकार से पेट पालने वाले लोग पशुओं को पालतू बनाने लगे और साथ ही खाद्य–वनस्पतियों की खेती करने लगे। इस प्रकार प्रचुर जल एवम् उर्वर मृदा (सॉइल) वाले क्षेत्रों में रहने वाले लोग कृषक बन गये। उन्होंने यायावार जीवन छोड़कर स्थिर आवासी जीवन अपना लिया। यह थी नूतन पाषाणकाल (निओलिथिक) की सभ्यता, जो व्यापक भूभाग में फैली थी (चित्र 4.1)।

सारणी 4.1. आदि ऐतिहासिक, प्राक् ऐतिहासिक तथा आरम्भिक ऐतिहासिक सभ्यताओं की सरलीकृत समयावधियाँ (केनोयेर, 1998; राव, 1999; कोछर, 2000, तथा भान, 2000 के आधार पर)

सभ्यता		आज से वर्ष पूर्व
हड़प्पोत्तर सभ्यता	उत्तरी काला पॉलिशयुक्त मृद्भाण्ड	2600-2100
	चित्रित धूसर मृद्भाण्ड	2800-2400
	गैरिकवर्णी मृद्भाण्ड (चमकदार लाल मृद्भाण्ड)	3500-2800
हड़प्पा सभ्यता	उत्तर हड़प्पा	3900-3300
	प्रौढ़ (मध्य) हड़प्पा	4600-3900
	आरम्भिक हड़प्पा	5000-4600
	हड़प्पा–पूर्व	5500-4600
पाषाणकालीन सभ्यता	नूतन पाषाणकाल	8,500-7,000
	मध्य पाषाणकाल	12,000-8,500
	उत्तर पुरापाषाणकाल	32,000-12,000
	मध्य पुरापाषाणकाल	102,00-32,000
	पूर्व पुरापाषाणकाल	+700,000-120,000

नवागन्तुक

सिन्धु–सरस्वती मैदान की उर्वर धरती और जल की प्रचुरता से आकर्षित होकर पर्वत–पार प्रदेश से लोग आने लगे। मीटोकॉन्ड्रियल डी.ऐन.ए. (टाइप 8-1) सदृश आणवी–जननिक सूचकों के अध्ययन से पता चलता है कि भारतभूमि के लोगों का मध्य एवम् पश्चिम एशिया के लोगों से जननिक सम्बन्ध था, घनिष्ट नाता था (बर्नबास तथा सुरेश, 1998; चौबे आदि, 2002)। इसका यह अर्थ है कि लोगों का मध्य तथा पश्चिमी एशिया से आव्रजन हुआ था। भारतभूमि में उनका पदार्पण हुआ था कदाचित् 10,000 से लेकर 8000 वर्ष पूर्व की अवधि में (गाडगिल आदि, 1998)।

हाकड़ा तथा आरम्भिक हड़प्पा संस्कृति

नियमित आवासी जीवन के आरम्भ के परिचायक हैं कृषिकर्म के चिह्न (चित्र 4.3)। ऐसे चिह्न बलोचिस्तान और चोलिस्तान में हाकड़ा के मैदान में, और घग्घर (सरस्वती) के तट पर मिलते हैं (मुग़ल, 1974, 1992; भान, 2000)। पाकिस्तान में किर्थर पर्वत से निकली बोलन नदी के किनारे अवस्थित मेहरगढ़ में 9000 से 5500 वर्ष पुरानी बस्ती थी। लोग मिट्टी और ईंट के बने आयताकार घरों में रहते थे। कुछ घरों में भण्डारकक्ष भी थे, और कुछ में आँगन। प्राय: बकरी या भेड़ के शरीर के साथ मृत व्यक्ति को समाधि दी जाती थी। कंकाल के पैर घुटने पर मोड़ दिये जाते थे, और उनके साथ रखे जाते थे इन्द्रगोप (कार्नेलियन), लाजबंद और शंख के आभूषण। सम्भवत: ये लोग गेहूँ और जौ की फसल उगाते थे, और गाय–बैल, भेड़–बकरी, गधे–कुत्ते पालते थे (जैरिगो तथा मॅडोस, 1980)। सिन्धु, रावी और हाकड़ा नदियों के किनारे गाय–बैल के 5300-5100 वर्ष पुराने अवशेष मिले हैं। मेहरगढ़ के लोगों का विदेशों से व्यापारिक सम्बन्ध था, क्योंकि कपास और उपरत्न विदेशों से ही लाये गये होंगे।

कहीं–कहीं पक्की मिट्टी के बने बैल के खिलौने और छोटी–छोटी मूर्तियाँ मिली हैं। उनके साथ मिले कुम्हार द्वारा बनाये मिट्टी के बर्तन (चित्र 4.12ड.) और ताँबे के उपकरण। इन उपकरणों में हैं बंसी के काँटे और तीरों के अग्र भाग (वाणाग्र) (चित्र 4.9घ)। इन चीज़ों को देखकर लगता है कि आरम्भिक हड़प्पा काल में प्रविधिक विकास होने लगा था।

हड़प्पा सभ्यता के अवशेष सबसे पहले रावी नदी के किनारे हड़प्पा नामक स्थान पर मिले थे। दया राम साहनी ने सन् 1922 में खुदाई कर उसका स्वरूप चित्रित किया था। टाइप एरिया के नाम पर उस उन्नत–प्रगत व्यवस्था को हड़प्पा सभ्यता कहा जाता है। अगले वर्ष राखाल दास बनर्जी ने सिन्धु के तट पर मोहेन्जोदड़ो पर हड़प्पा संस्कृति के मुखर अवशेषों का पता लगाया था।

आरम्भिक हड़प्पा कालीन नगर (चित्र 4.3) सिन्धु अंचल के बालाकोट, अमरी और कोटदीजि, पेशावर के मैदान में सरायखोला और गुम्ला, हाकड़ा मैदान में अनेक स्थानों पर, सरस्वती मैदान में कालीबंगाँ (ज़िला हनुमानगढ़), बणावली और कुणाल (ज़िला हिसार), और दृषद्वती के मैदान में राखीगढ़ी, सोठी, सिसवाल और मीठाथल में मिले हैं (बी.के. थापर, 1975, लाल, 1979, 2004; बिष्ट, 1982, 1994)। हरियाणा के फतेहाबाद ज़िले में भिड़डाना के पास 8565 वर्ष पुराने अवशेषों का हाल ही में पता लगा है।

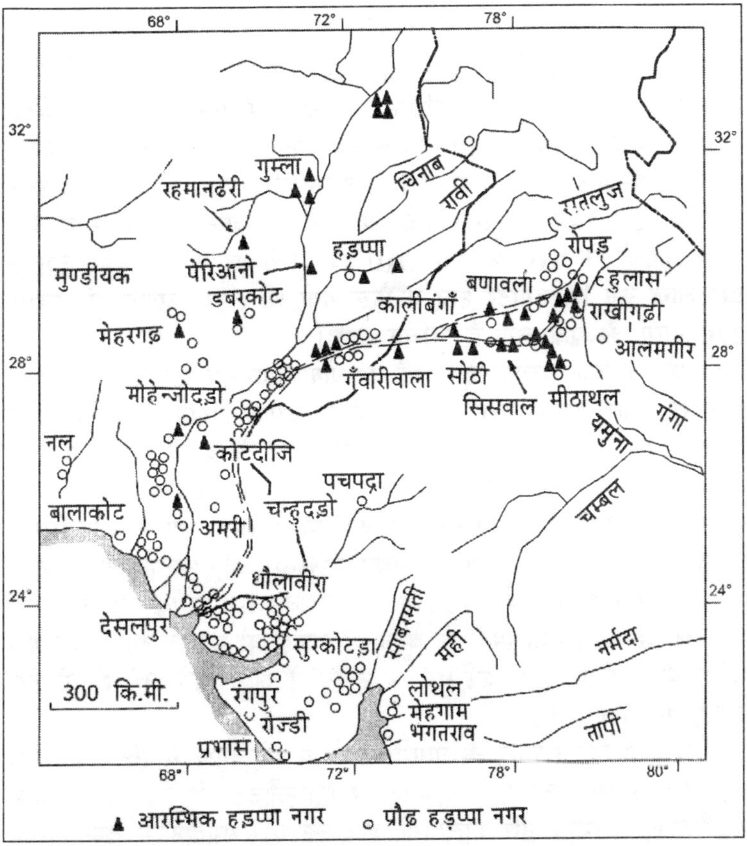

चित्र 4.3. पश्चिमोत्तर भारत में हड़प्पा–पूर्व (हाकड़ा), आरम्भिक हड़प्पा काल और प्रौढ़ (मध्य) हड़प्पा काल के अधिसंख्य नगर सरस्वती (आज की घग्घर) दृषद्वती (वर्तमान चौतंग) तथा सिन्धु नदी के मैदान में अवस्थित थे । इस चित्र में हड़प्पा–पूर्व हाकड़ा और आरम्भिक हड़प्पा काल के नगर एक साथ दिखाये गये हैं ।
(मुख्यत: जोशी तथा बिष्ट, 1994 के आधार पर)

पश्चिमी राजस्थान में लूणकरणसर तथा डीडवाणा सरोवरों के अवसादों में समाधिस्थ कठकोयला 9400 से 8000 वर्ष पुराना है । अनाज के पौधों की जली हुई खुतथी और परागकण बताते हैं कि सरस्वती अंचल के लोग आरम्भिक हॉलोसीन काल से ही अन्न उगाने लगे थे । (सिंह आदि, 1974; ब्रायसन तथा स्वेन, 1981) ।

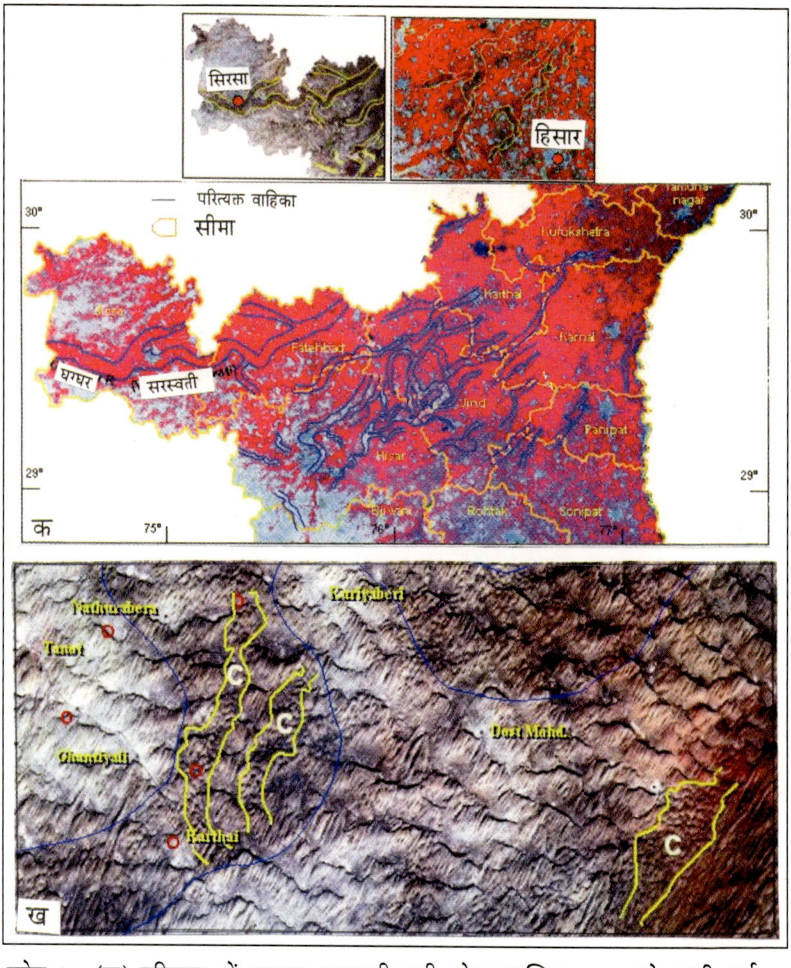

प्लेट 14. (क) हरियाणा में पुरातन सरस्वती नदी से सम्बन्धित – उससे जुड़ी हुई – वाहिकाओं (चैनलों) (नीली रेखा) का जाल ।
(सौजन्य : ए.के. गुप्त, रिमोट सैन्सिंग अप्लिकेशन सैन्टर, जोधपुर)

(ख) जैसलमेर के रेगिस्तान में बालू से ढकी हुई पुरातन वाहिकाओं (पीली रेखा, इ) में विद्यमान जल के कारण सतह के बालू–रेत में नमी रहती है । अन्वेषण के लिए खोदे गहरे कूप लाल वृत्त द्वारा प्रदर्शित हैं । ये दो चित्र फरवरी 2004 में उपग्रह आई.आर.ऐस्–आई.ऐस्.ऐस्–3 द्वारा खींचे गये ।
(सौजन्य : ए.के. गुप्त, रिमोट सैन्सिंग अप्लिकेशन सैन्टर, जोधपुर)

चित्र 4.4. (क)

चित्र 4.4. (ख)

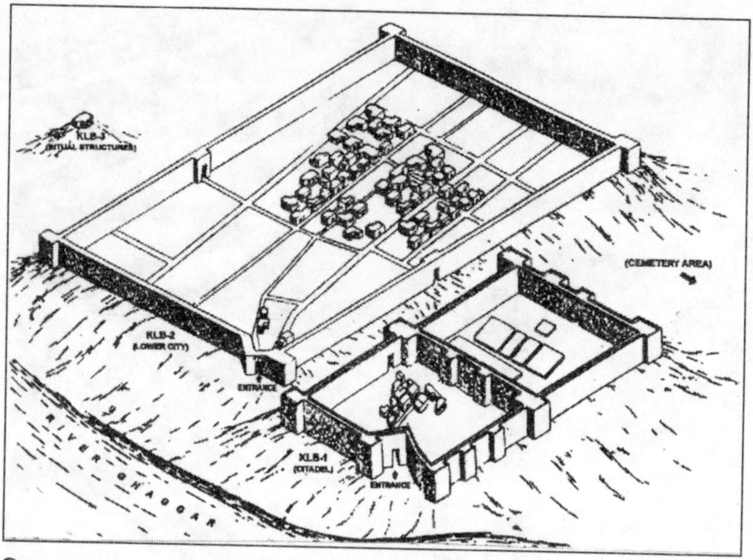

चित्र 4.4. (ग)

चित्र 4.4. (घ)

चित्र 4.4. (ड.)

चित्र 4.4. (च)

चित्र 4.4. हड़प्पा कालीन नगरों के सुनियोजित मकान और सड़कें–गलियाँ ।
(क) कालीबंगाँ के घरों के ऊपर एक सड़क जिसकी दिशा है उत्तर–दक्षिण
(ख) आरम्भिक हड़प्पा कालीन धलेवान के घरों की नींव
(ग) कालीबंगाँ के नगर–नियोजन का परिकल्पित स्वरूप
(घ) सूरकोटड़ा नगर की किलेबंदी : एक पुनःरचित रूप
(ड.) प्रौढ़ हड़प्पा काल में कालीबंगाँ की एक सात मीटर चौड़ी सड़क
(च) कालीबंगाँ नगर की गलियाँ ।
(क, ख, ग, घ – जोशी, 2008 से; ड., च – लाल, 2008 से)

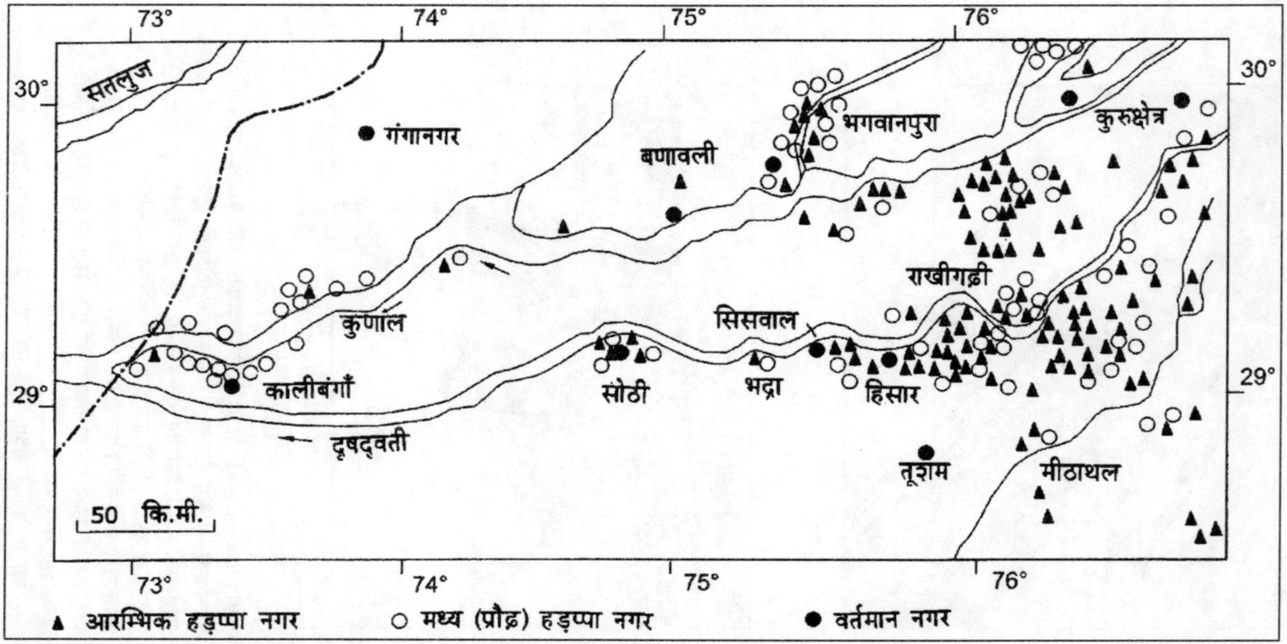

चित्र 4.5. सरस्वती अंचल के हड़प्पा कालीन नगरों में प्रमुख थे कालीबंगाँ, बणावली, भगवानपुरा और राखीगढ़ी । (जोशी तथा बिष्ट, 1994 के आधार पर)

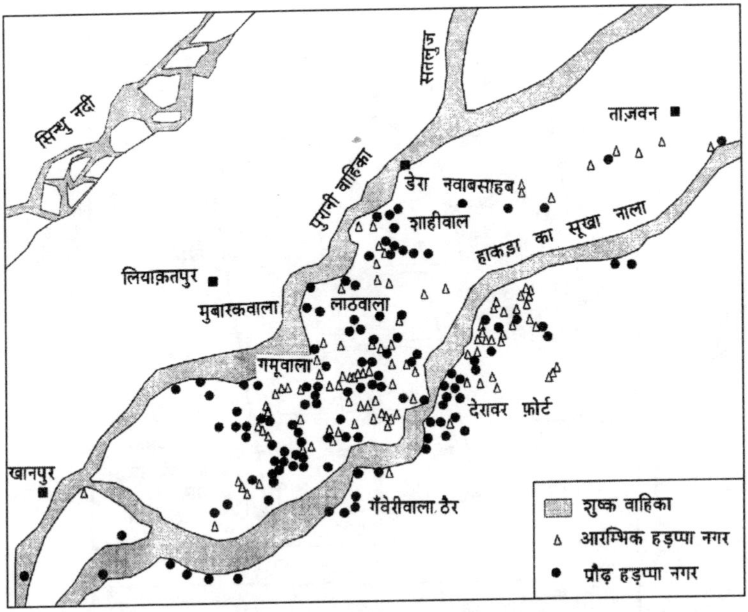

चित्र 4.6. चोलिस्तान (पाकिस्तान) में आरंभिक तथा प्रौढ़ हड़प्पा सभ्यता के नगर। हाकड़ा के मैदान में सबसे चहल-पहल वाला नागरी केन्द्र था गँवेरीवाला। (मुग़ल, 1974 के आधार पर)

आँगन और कुछ से जुड़ी हुई थीं गन्दे पानी की निकासी की नालियाँ और कचड़े के लिए कुण्ड भी होते थे (चित्र 4.8ख,ग,घ, प्लेट 11ख)। कालीबंगाँ और बणावली में घर के भीतर और बाहर आँगन में तन्दूर हुआ करते थे (चित्र 4.10ख)।

बणावली और धौलावीरा के नगर गढ़, आवासीय क्षेत्र, व्यापारिक भाग और आनुष्ठानिक भूखण्ड या खुले मैदान में विभाजित थे (चित्र 4.4ग,घ, 4.7)। सुरक्षा के लिए नगरों की किलेबन्दी की जाती थी। कब्रगाह परकोटे के बाहर हुआ करते थे (बिष्ट, 1984, 1999)।

सरस्वती-मैदान में कुएँ खोदे जाते थे – कहीं आँगन में, कहीं बाहर (चित्र 4.8क)। धौलावीरा में दो पहाड़ी नालों पर बाँध बनाकर बरसाती पानी जमा किया जाता था (बिष्ट, 1991)। मोहेन्जोदड़ो के घर ईंट के ऊँचे चबूतरों पर बने थे, सम्भवतः सिन्धु नदी की बाढ़ से बचने के लिए।

प्रौढ़ हड़प्पा सभ्यता के सुनियोजित नगरों (चित्र 4.4, 4.7) को देख कर यह सत्य उद्भासित होता कि यद्यपि शत्रुओं के आक्रमणों से नगरों की

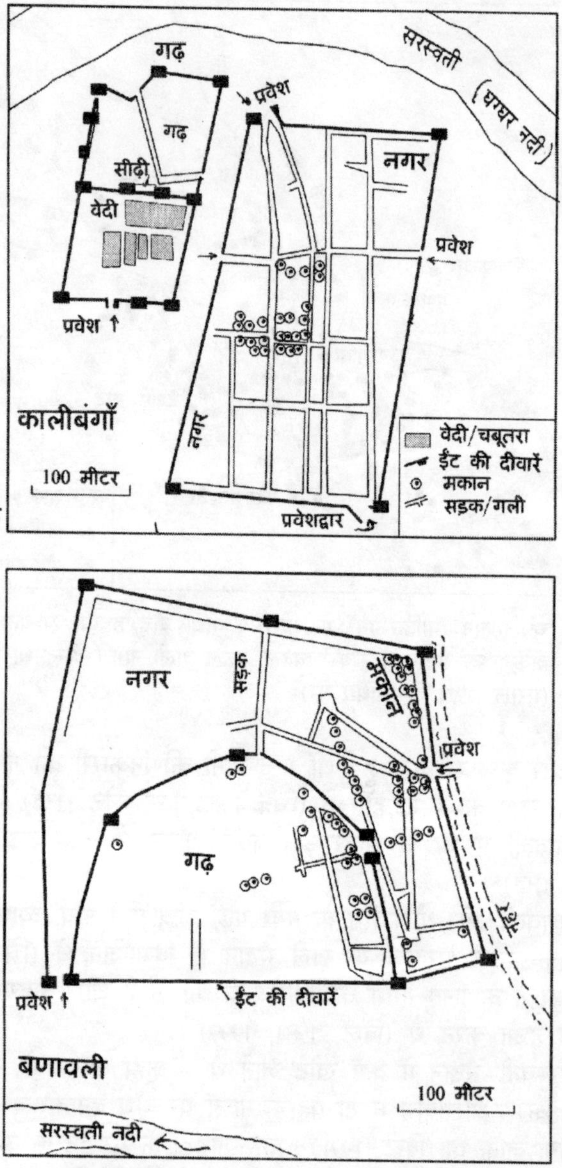

चित्र 4.7. सरस्वती अंचल में प्रसिद्ध सुनियोजित नगरों कालीबंगाँ और बणावली के नक्शे। (लाल, 1979, 2008; बिष्ट, 1984 के आधार पर)

चित्र 4.8. (क)

चित्र 4.8.(ख)

चित्र 4.8. (ग)

चित्र 4.8.(घ)

चित्र 4.8. हड़प्पा कालीन नगरों में जल की व्यवस्था और सफ़ाई का प्रबन्ध ।
(क) कालीबंगाँ में एक कुआँ, जिससे चार दीवारें जुड़ी हुई हैं ।
(ख) कालीबंगाँ में पक्की ईंटों की नालियाँ । अलग-अलग कालों में बनी थीं ये नालियाँ ।
(ग) लोथल के घरों से निकलने वाले गंदे पानी की नालियाँ
(घ) कालीबंगाँ में गन्दा पानी जमा करने का कुण्ड जो घर से बाहर सड़क में गड़ा हुआ है ।
(क, ख, ग, – जोशी, 2008 से; घ – लाल, 2008 से)

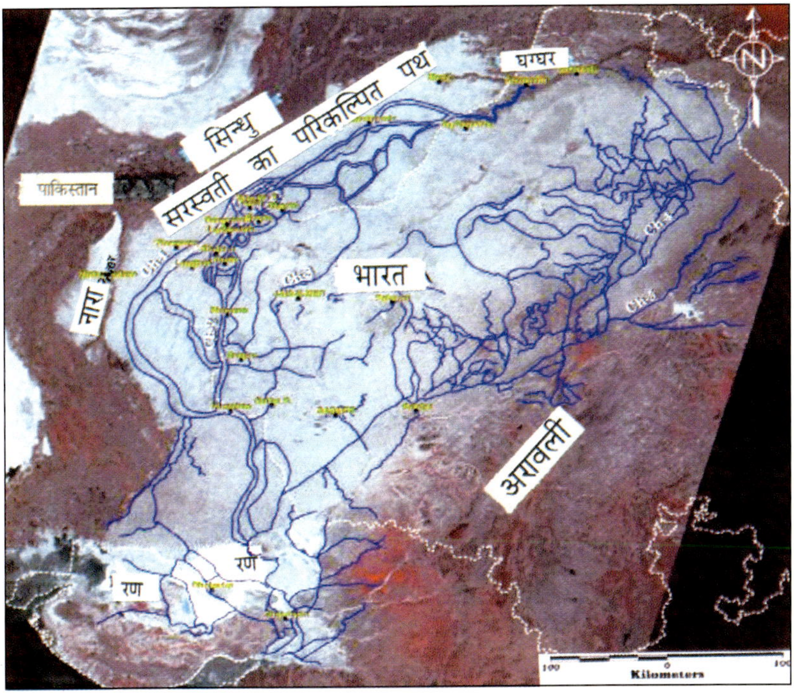

प्लेट 15. उपग्रह आई.आर.ऐस्–पी 3 द्वारा खींचे चित्रों के आधुनिकतम विश्लेषणों के आधार पर पुरातन सरस्वती नदी और उसके बदलते मार्गों का मानचित्र ।
(सौजन्य : ए.के. गुप्त, स्पेस अप्लिकेशन सैन्टर, जोधपुर)

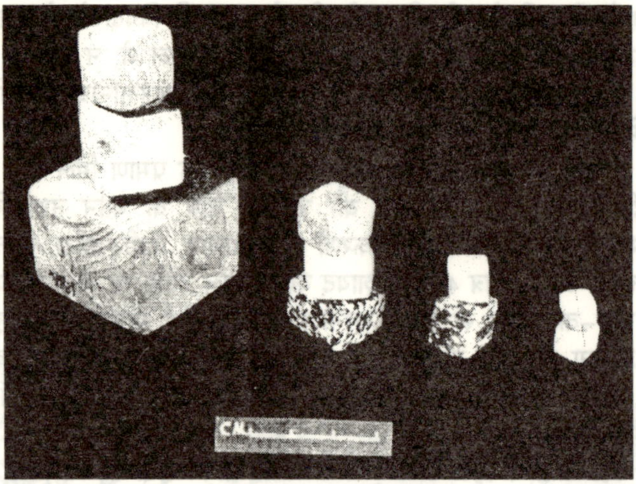

चित्र 4.9. (क)

चित्र 4.9. (ख)

चित्र 4.9. (ग)

चित्र 4.9. (घ)

चित्र 4.9. प्रौढ़ हड़प्पा काल की कुछ विशिष्ट चीज़ें ।
(क) वैज्ञानिक आधार पर बने बाँट, जो खनिज चर्ट के बने हैं (जोशी, 2008 से)
(ख) तथा (ग) खड़िये की बनी मोहरें । इनमें विविध पशुओं की छाप हैं ।
(ग) मोहर में एक मानवाकृति जो सम्भवत: पशुपतिनाथ की हो । मोहेन्जोदड़ो में मिली थीं ये मोहरें । (लाल, 2008 से)
(घ) बणावली में मिले ताँबे और काँसे के उपकरण–औज़ार । बायीं ओर है बाणाग्र । (बिष्ट, 1999 से)

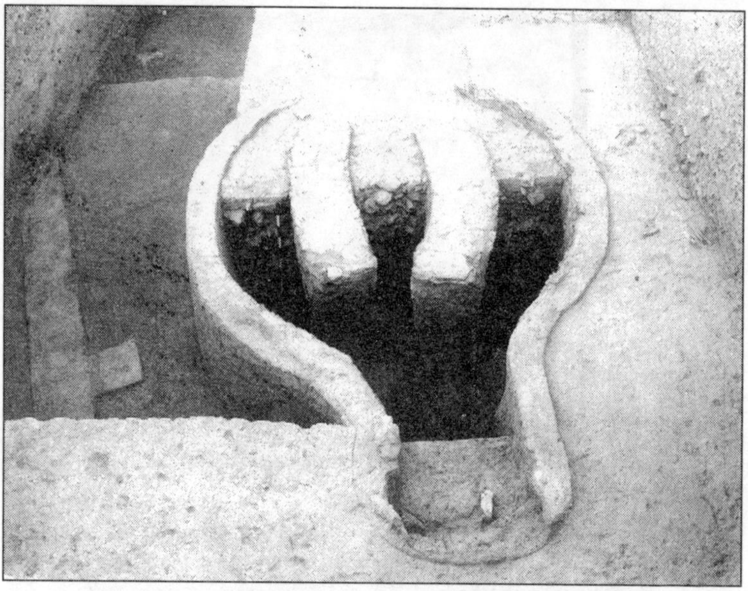

चित्र 4.10. (क)

चित्र 4.10. (ख)

चित्र 4.10. (ग)

चित्र 4.10. (घ)

चित्र 4.10. (क) प्रौढ़ हड़प्पा कालीन राखीगढ़ी में मिट्टी के बर्तन बनाने वाली भट्टी ।
(ख) आरम्भिक हड़प्पा कालीन कालीबंगाँ में मिट्टी के बने तन्दूर ।
(ग) आरम्भिक हड़प्पा काल में कालीबंगाँ नगर के बाहर खेत, जिसमें हल के बनाये खरोच हैं ।
(घ) बणावली में पक्की मिट्टी के बने हल का मॉडल (खिलौना) ।
(क, ख, ग, घ – लाल, 2008 से)

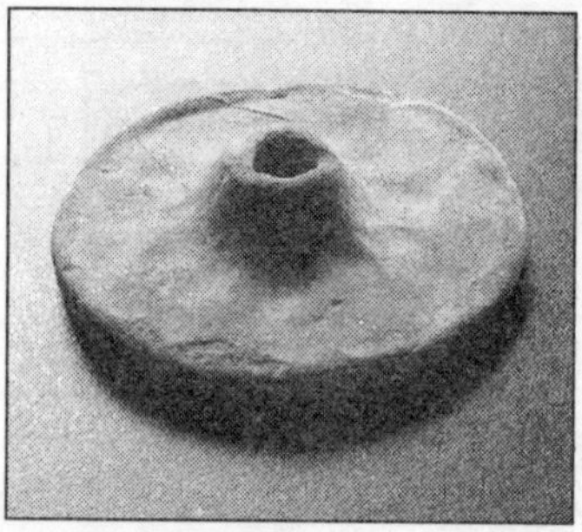

चित्र 4.11. (क)

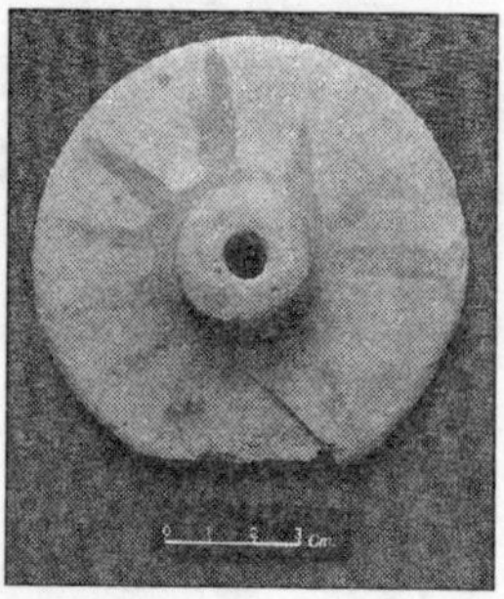

चित्र 4.11. (ख)

चित्र 4.11. (ग)

चित्र 4.11. (घ)

चित्र 4.11. (क) प्रौढ़ हड़प्पा कालीन बणावली में मिली पक्की मिट्टी का खिलौना, पहिये का । धूरी से निकले अरे या डंडे (स्पोक) उभार द्वारा प्रदर्शित हैं । (लाल, 2008 से)

(ख) प्रौढ़ हड़प्पा कालीन राखीगढ़ी में पक्की मिट्टी का बना खिलौना । पहिये पर ध्यान दें, धुरी से स्पोक चारों ओर निकले हुए है । (लाल, 2008 से)

(ग) काँसे का बना खिलौना, रथ का । उत्तर हड़प्पा कालीन दैमाबाद, महाराष्ट्र, में । (जोशी तथा बिष्ट, 1994 सी)

(घ) सिन्धु नदी में चलने वाली नाव का चित्र । मिट्टी के बर्तन के टुकड़े मोहेन्जोदड़ो में मिले ।

चित्र 4.12. (क)

चित्र 4.12. (ख)

चित्र 4.12. (ग)

चित्र 4.12. (घ)

चित्र 4.12. (ड.)

चित्र 4.12. (क) आरम्भिक हड़प्पा कालीन कुणाल में मिला चाँदी का आभूषण (लाल, 2008 से)

(ख) प्रौढ़ हड़प्पा कालीन मोहेन्जोदड़ो में मिली काँसे की प्रतिमा । नर्तकी की बाँह चूड़ियों से भरी हुई है ।

(ग) प्रौढ़ हड़प्पा कालीन बणावली में यज्ञकुण्ड से सम्बन्धित रचना ।

(घ) प्रौढ़ हड़प्पा कालीन कालीबंगाँ में पड़ी मिट्टी का बना शिवलिंग एवम् योनि ।

मिट्टी

(ड.) आरम्भिक हड़प्पा कालीन कुणाल में मिले मृद्भाण्ड के टुकड़ों में चित्र काली रेखाओं से बना है । उनके बीच सफेद रंग भरा गया था । (क, ख, ग, घ – लाल, 2008 से)

प्रौढ़ हड़प्पा सभ्यता के उत्कर्ष की परिचायक है वह विशिष्ट लिपि (चित्र 4.13) जिसका महत्तम प्रयोग व्यापार–सम्बन्धी पत्राचार में किया जाता था । इस लिपि का अभिज्ञान अभी तक नहीं हो पाया है ।

चित्र 4.13. धौलावीरा के एक फाटक पर लकड़ी का नामपट्ट । (बिष्ट, 1998 से)

5

सरस्वती का तिरोभाव

सामूहिक निष्क्रमण

उत्तर हड़प्पा काल के नगरों का वितरण देखकर स्पष्ट प्रतीत होता है कि नदी–किनारे रहने वाले लोगों का बड़े पैमाने पर निष्क्रमण हुआ। सरस्वती के मध्यवर्ती मैदान में अपना घर–बार छोड़ कर लोग हिमालय की तलहटी में गंगा, यमुना और सतलुज के उत्तरी मैदानों में जा बसे। शिवालिक अंचल भी आबाद हो गया। इसी प्रकार सरस्वती नदी के दक्षिणी भाग के मैदान के लोग गुजरात के तटीय क्षेत्रों की ओर चले गये। प्रौढ़ हड़प्पा कालीन नगर निर्जन हो गये, बस्तियाँ वीरान हो गयीं। यह था एक विवशतापूर्ण निष्क्रमण। इसके साथ–साथ उत्तरी और पश्चिमी भारत के प्रदेश उत्तर हड़प्पा कालीन बस्तियों से आबाद हो गये (चित्र 5.1)। हो न हो, यह प्रव्रजन पानी की खोज और हरी–भरी भूमि की तलाश में हुआ था।

राजस्थान का यह भूभाग 4800 वर्ष पूर्व ही सूखे की चपेट में आ गया था। सूखे के बावजूद सदानीरा सरस्वती के जल के सहारे हड़प्पा के नगर–गाँव फले–फूले, और सभ्यता का उत्कर्ष हुआ, लोगों की जीवनशैली परिष्कृत हुई तथा विविध शिल्प, कला एवम् प्रौद्योगिकी उन्नत हुई। अतः सामूहिक निष्क्रमण और समाज के विशृंखलन का एक ही कारण हो सकता है – सरस्वती जलहीन हो गयी थी, उसका प्रवाह अतिशय घट गया था।

कैसे घट गया सरस्वती का पानी ? क्यों हो गयी सरस्वती श्रीहीन ? दो कारण हो सकते हैं।

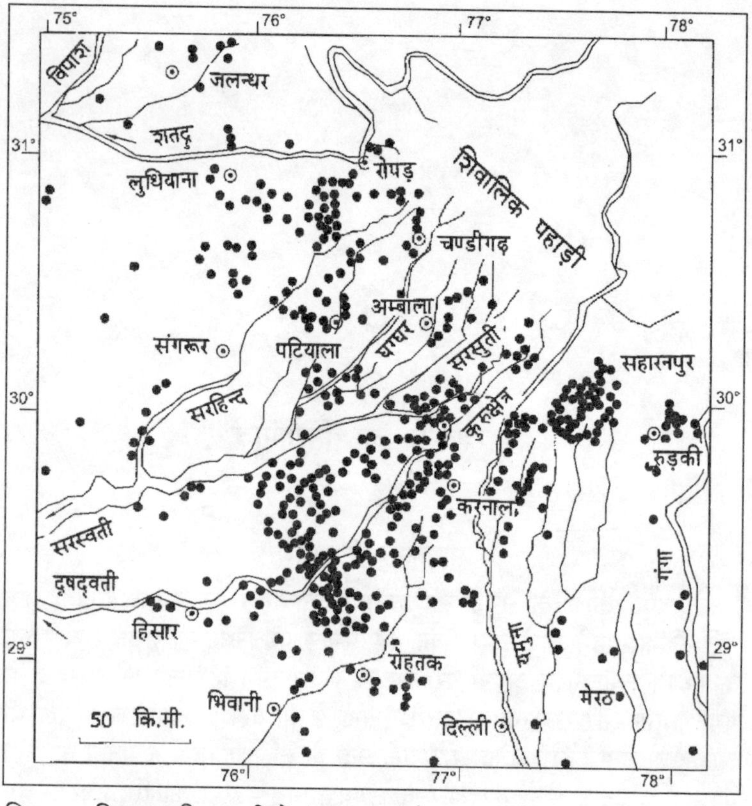

चित्र 5.1. हिमालय की तलहटी में गंगा, यमुना और सतलुज के उत्तरी मैदानी भागों और शिवालिक अंचल में उत्तर हड़प्पा कालीन नगर और बस्तियाँ। इस भूभाग की तुलना में सरस्वती नदी के मध्यवर्ती भाग में उत्तर हड़प्पा कालीन बस्तियाँ नहीं हैं। (जोशी तथा बिष्ट, 1994 के आधार पर)

सरस्वती का मार्ग–परिवर्तन

विवर्तनिक उथल–पुथल के कारण अथवा धरती के उत्थान के फलस्वरूप जब सरस्वती के जल का अपहरण हो गया तो वह सदानीरा नदी नहीं रही (वल्दिया, 1968, 1984, 1996, 2002)। शिवालिक अंचल में हुई हलचल इस क्रान्तिक घटना का कारण थी। पश्चिम की ओर बहती सरस्वती अकस्मात् मार्ग बदल कर दक्षिण दिशा में बहने लगी (चित्र 3.3 ख व 5.2 तथा प्लेट 2 तथा 8)। पाँवटासाहब के निकट से होते हुए उत्तर–पश्चिमोत्तर – दक्षिण–दक्षिणपूर्व दिशा वाले भ्रंश पर इस भूसंचलन के कारण

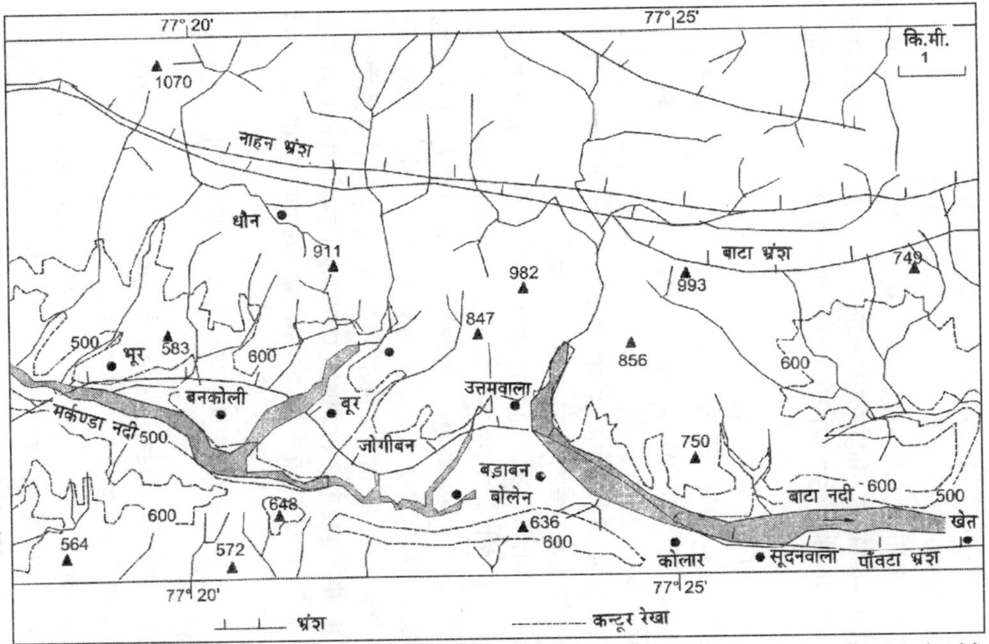

चित्र 5.2. शिवालिक अंचल में पाँवटासाहब दून में बाटा और मार्कण्डा नाम की सरिताएँ असाधारण रूप से चौड़े पाटों में बहती हैं । दक्षिण दिशा में मुड़ जाने के पूर्व सरस्वती इन्हीं सरिताओं की वाहिकाओं से होकर पश्चिम दिशा में बहती थी । (भ्रंशों का रेखांकन ऐन्.ऐस्. विर्दी के सौजन्य से)

शिवालिक की श्रेणियाँ कट गयीं, फट गयीं। पूर्वी भूखण्ड उत्तर की ओर सरक गया और भ्रंश के पश्चिम का भूखण्ड 20 से 30 मीटर ऊपर भी उठ गया। पश्चिमी भूखण्ड की उठी हुई धरती नदी के प्रवाह में बाँध जैसी अवरोध बन गयी। नदी ने दरार की कटी-फटी, तथा चूर्ण-विचूर्ण चट्टानों को काट-काट कर दक्षिणपूर्व दिशा में अपना नया रास्ता बनाया – नयी वाहिका बनायी, और मैदान पर उतर आयी (प्लेट 8)। इस भ्रंश पर आज भी रुक-रुक कर हरकत होती है। सन् 1962 और 1966 की अल्पावधि में ही धरती 30 सैन्टिमीटर सरकी थी (कृष्णस्वामी आदि, 1970) और सन् 1965-1976 के दौरान 0.7 से लेकर 5.7 सैन्टिमीटर विस्थापन हुआ था (रजल आदि, 1986)।

जब कभी भूखण्ड विस्थापित होते हैं, उठते-बैठते हैं, सरकते हैं, तब भूचाल उठते हैं। यमुना-तीर कालपी के निकट अवसाद-अनुक्रम के अध्ययन से पता चला कि 5000 वर्ष पूर्व के बाद कभी एक भयंकर भूकम्प हुआ था (सिंह आदि, 1997)। संक्षेप में, उत्तर हॉलोसीन काल में किसी बड़े भूकम्प के दौरान नदियाँ विचलित हुई थीं, मार्ग-भ्रष्ट हुई थीं। यह घटना हुई होगी 3900 और 3500 वर्ष पूर्व की अवधि में कभी।

शिवालिक श्रेणियों की दक्षिणी सीमा बनाने वाले भ्रंश हिमालयन फ्रन्टल थ्रस्ट की पट्टी में यमुना नदी के पश्चिमी तट पर बजरी-बालू की वेदिका (टैरेस) नाले के तल से 20-30 मीटर ऊपर उठ गयी है। इस वेदिका में मिला कार्बनयुक्त पदार्थ 3663±215 वर्ष पुराना है (वैस्नूस्की आदि, 1999)। इस खोज से यह निष्कर्ष निकलता है कि 3878 और 3458 वर्ष पूर्व की अवधि में कभी एक ऐसी विवर्तनिक घटना हुई जिससे वेदिका 20 मीटर ऊपर उठ गयी – अर्थात् यमुना के पश्चिम का भूखण्ड लगभग 20 मीटर ऊपर उठ गया। यही वह घटना थी जिसके कारण सरस्वती ने अपना पश्चिमी मार्ग बदल कर दक्षिण का रास्ता लिया। यह घटना हुई लगभग 3700 वर्ष पूर्व।

कालीबंगाँ नगर के कार्बनी अवशेषों के आयु-निर्धारण के आधार पर पुरातत्ववेत्ता बताते हैं कि 3700 वर्ष पूर्व यह नगर अचानक वीरान हो गया था, उजड़ गया था (लाल, 1971, 1979, 2004)। लगभग इसी काल में गंगानगर ज़िले की दूसरी बस्तियाँ भी खाली हो गयीं थीं (मिश्र, 1995)। चोलिस्तान के नगर भी तृतीय सहस्राब्दि पूर्व के मध्य में कभी उजड़े थे (मुग़ल, 1992, 1995)।

शिवालिक-पार कर मैदान पर उतरने पर सरस्वती सम्भवतः कुछ समय तक पूर्व दिशा में बही और जगाधरी, जीन्द तथा हिसार होती हुई दृषद्वती की

वाहिका से बहने लगी । इसी कारण चौतंग नाले का पाट एक-डेढ़ किलोमीटर चौड़ा है, और उसका मैदान हड़प्पा कालीन नगरों से भरा हुआ था ।

सरस्वती के जल का अपहरण ?

सरस्वती दक्षिणपश्चिम दिशा में बहने लगी थी । विवर्तनिक हलचलें होती रहीं । कालान्तर में यमुना नदी के पूर्व की धरती 14 से 22 मीटर नीचे धँस गयी (ठुस्सु, 1999) । सरस्वती को पुनः मार्ग बदलना पड़ा – वह दक्षिण को मुड़ गयी और यमुना की वाहिका में चली आयी । ऐसा लगता है कि इस भूभाग की धरती कहीं उभर रही थी और कही धँस रही थी । जब धरती उठती है तो नदी-नालों में कटाव बढ़ जाता है । अरावली अंचल के उत्थान के फलस्वरूप आज की हिन्डन सरीखी तब की – चार हज़ार साल पहले की – यमुना अपना मार्ग काटती हुई गहराती गयी और लगातार उत्तर दिशा में बढ़ने लगी । अन्ततोगत्वा वह पहुँच गयी दक्षिणपश्चिम दिशा में बह रही सरस्वती तक (चित्र 5.3) । यमुना की वाहिका गहरी होने के कारण सरस्वती का जल पलट कर यमुना से होकर बहने लगा । इस प्रकार यमुना ने सरस्वती का सारा पानी चुरा लिया (आर.डी. ओल्डम, 1886; सी.ऐफ़. ओल्डम, 1893; वल्दिया, 1968, 1984, 1996; विलहैलमी, 1969) । पहले प्रयाग में गंगा और यमुना का संगम होता था, अब यमुना की वाहिका से होता हुआ सरस्वती का जल भी गंगा से जा मिला । प्रयाग बन गया त्रिवेणी – तीन नदियों का संगम, जिनमें से एक थी अन्तःसलिला सरस्वती ।

अरावली अंचल में विवर्तनिक हलचलें

जब से यमुना नदी गंगा के मैदान में बह रही है तब से वह अपना मार्ग बदलती रही है । विविध सर्वेक्षणों से ज्ञात हुआ है कि वह लगातार पूर्व दिशा में खिसकती रही है । श्रीकृष्ण का जन्म हुआ था मथुरा के एक कारागार में जो यमुना के दाहिने किनारे पर सट कर बना हुआ था (चित्र 5.4) । वह यमुना आज बहुत दूर चली गयी है । तब से अब तक यमुना 10 से 40 कि.मी. सरकी है (बाकलीवाल तथा शर्मा, 1980) । शाहजहाँ ने लाल किला यमुना के किनारे बनवाया था । आज वह कुछ किलोमीटर दूर है । यमुना का यह विसरण अरावली के उत्थान के कारण हो रहा है । द्रष्टव्य है कि अरावली का छिपा हुआ, प्रच्छन्न आन्तर्भौम विस्तार शामली होते हुए हिमालय की तलहटी में हरिद्वार तक है (वल्दिया, 1968, 1984) । जैसे-जैसे अरावली उठा, तैसे-

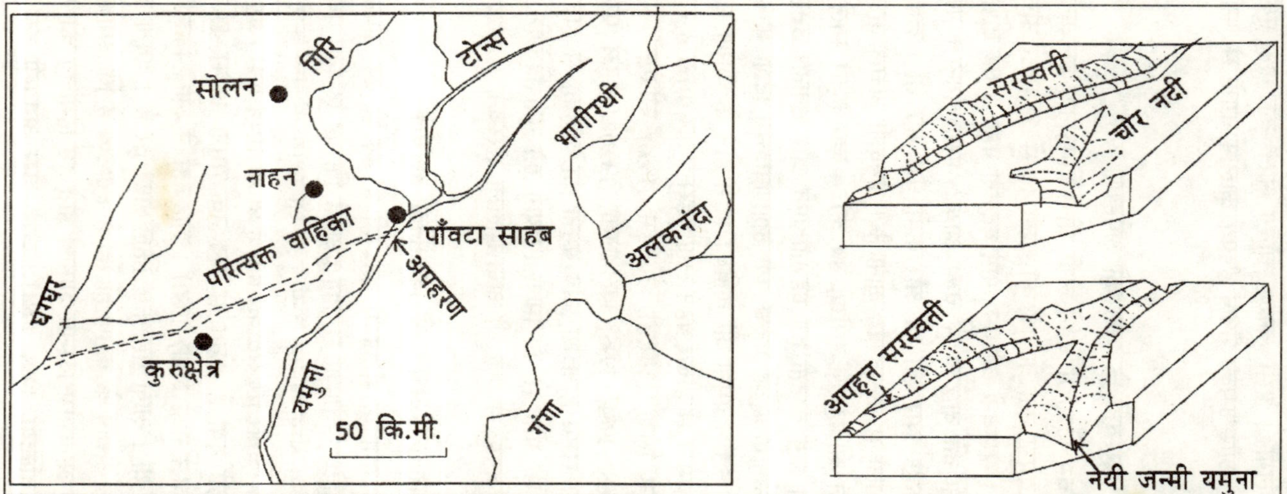

चित्र 5.3. चार हज़ार वर्ष पूर्व यमुना आज की हिन्डन सरिता की भाँति एक मैदानी सरिता रही होगी । अपनी वाहिका काटती–गहराती वह पश्चिमोत्तर को बढ़ने लगी और अन्ततः पूर्वोत्तर से दक्षिणपश्चिम को बह रही सरस्वती तक पहुँच गयी । यमुना की वाहिका गहरी थी, अतः सरस्वती का जल यमुना की वाहिका से होकर बहने लगा । सरस्वती लुट गयी । (वल्दिया, 1968, 1998 से)

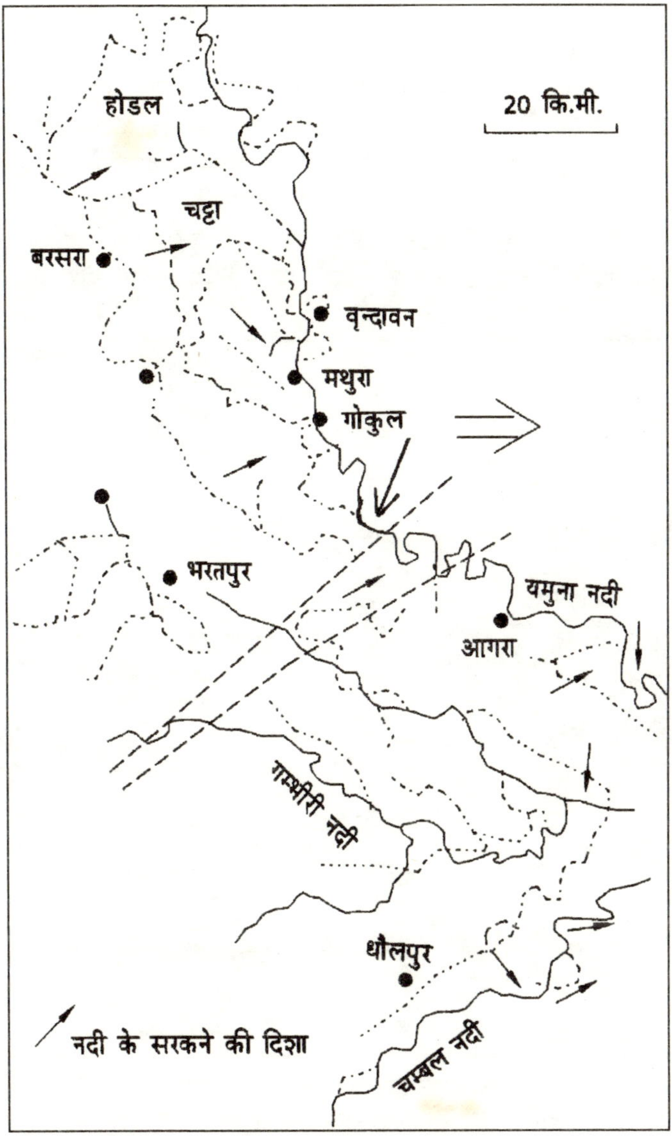

चित्र 5.4. श्रीकृष्ण के समय से लेकर अब तक यमुना नदी 10 से 40 किलोमीटर पूर्व दिशा में सरक चुकी है। अगणित परित्यक्त वाहिकाएँ (बिन्दुकित रेखा द्वारा प्रदर्शित) इस प्राकृतिक व्यापार की साक्षी हैं। (बाकलीवाल तथा शर्मा, 1980 के आधार पर)

तैसे नदियाँ निचले ढाल की ओर खिसकती गयीं, यमुना पूर्व की ओर और सतलुज पश्चिम की तरफ़।

अरावली–पार पश्चिमोत्तर राजस्थान में विवर्तनिक हलचलें लम्बे समय से हो रही हैं। धरती बार–बार भूचालों द्वारा झकझोरी जाती है (चित्र 2.5)। भ्रंशों पर भूखण्डों के उठने–धँसने, सरकने–खिसकने से भूचाल उठते हैं। गुजरात के मैदान की तुलना में अरावली एक प्रखर, उभरी हुई स्थलाकृति है। उसकी पट्टी पश्चिमोत्तर–दक्षिणपूर्व, उत्तर–दक्षिण और पूर्वोत्तर–दक्षिणपश्चिम दिशा वाले भ्रंशों से कटी–फटी है, और बार–बार

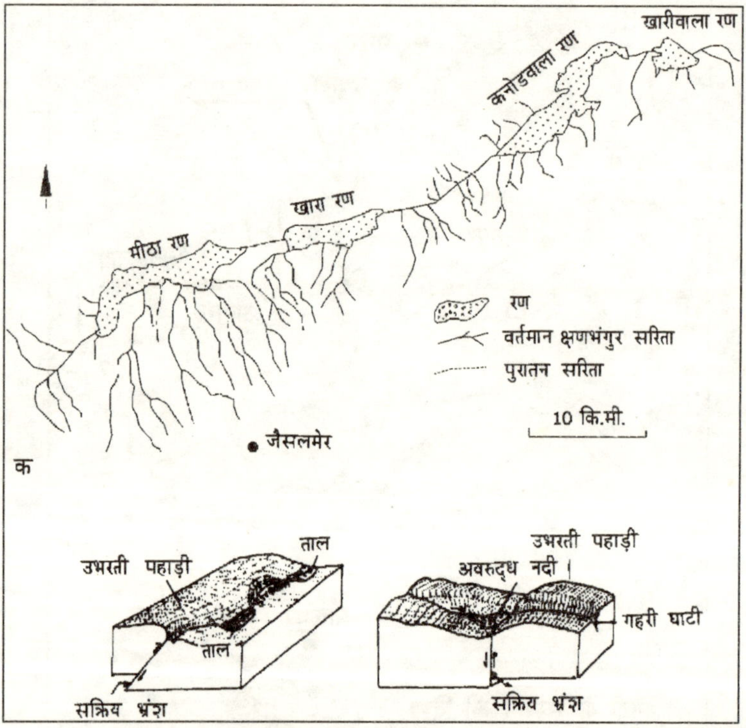

चित्र 5.5. (क) पश्चिमी राजस्थान में लवणयुक्त ताल–तलैयों तथा 'रणों' की कड़ी नदियों के खण्डित होकर सूख जाने से बनी। (राय, 1995 के आधार पर)

(ख) आड़े–सीधे काटते हुए भ्रंशों पर जब भूखण्ड उठते–धँसते हैं या सरकते–खिसकते हैं तब नदियों का प्रवाह अवरुद्ध हो जाता है, प्राकृतिक रूप से बने बाँधों (बाधाओं) के कारण। इस प्रकार बनते हैं सरोवर या ताल–तलैया।

भूकम्पों से प्रभावित होती है । कहीं धरती धँसी; कहीं उठी और कहीं सरकी (सेन तथा सेन, 1983; बाकलीवाल तथा रामसामी, 1987; दास–शर्मा, 1988; कर, 1988, 1995; वाधवान, 1990; मित्र आदि, 1992; वल्दिया 1996a, 1999b; रामसामी, 1999) ।

भ्रंशों पर भूमिखण्डों के उठने–धँसने, और सरकने–खिसकने के फलस्वरूप नदियों को मार्ग बदलना पड़ा । स्थलाकृतियों से बने अवरोधों–बाधाओं के कारण कुछ नदियाँ थम गयीं और ताल–तलैयों में बदल गयीं (चित्र 5.5) । कालान्तर में इनका जल लवणयुक्त हो गया । जो ताल–तलैया रेत–मि ी से पट गयीं उनमें विकसित हुए 'रण' – लवणयुक्त दलदली मैदान ।

प्रच्छन्न कटकों का प्रभाव

राजस्थान और हरियाणा सहित सारे उत्तरी भारत में विवर्तनिक भूसंचलन होते रहे हैं । उनका मूल कारण है वे आन्तर्भौम छिपी–दबी पहाड़ी या कटक, वे छिपी हुई भूमिगत पहाड़ियाँ, जो गंगा–सिन्धु के मैदान की रेत–मिट्टी–बालू की विपुल राशि से ढकी हुई हैं । मैदान–तले अरावली का कटक हिमालय की तलहटी में हरिद्वार तक चला जाता है । इसी अरावली से निकली दो बड़ी शाखाएँ पाकिस्तान की पर्वत श्रेणियों की तलहटी तक विस्तीर्ण हैं (चित्र 5.6) । उत्तरी शाखा दिल्ली से लाहौर होते हुए पश्चिमोत्तर में सरगोधा तक चली जाती है । यह प्रच्छन्न कटक पंजाब की द्रोणी (बैसिन) को सिन्धु की द्रोणी (बैसिन) से विभाजित करती है । सन् 1437 और 1837 में हुए शक्तिशाली भूकम्पों का कारण दिल्ली–लाहौर–सरगोधा कटक में हुई हलचलें थीं (ठुस्सु, 1999) । दूसरी शाखा है बरवाणी–जैसलमेर कटक । इसके परिसीमक भ्रंश पर हुई हलचलें सन् 1907, 1959 और 1991 के भूकम्पों का कारण हैं (कृष्णब्रह्मण, 1993) ।

चूँकि भारतीय भूखण्ड प्रतिवर्ष 58±4 मिलिमीटर की गति से उत्तर दिशा में सरक रहा है (चित्र 2.4ख) अतः उसके अग्रभाग के प्रच्छन्न कटक – छिपी हुई भूमिगत पहाड़ियाँ – भी उत्तर को जा रही हैं । इस कारण भ्रंश बार–बार सक्रिय हो जाते हैं और धरती काँप उठती है । फलतः कहीं धरती उठी, कहीं धँसी, कहीं सरकी । इस उथल–पुथल के कारण नदियों की ढाल (प्रवणता या ग्रेडिएन्ट) में परिवर्तन हुए, कहीं उनका प्रवाह रुका, और कहीं उनकी दिशा बदली । सरस्वती अंचल में यही हुआ । न केवल सरस्वती वरन् अनेक नदियों की भी यही गति हुई ।

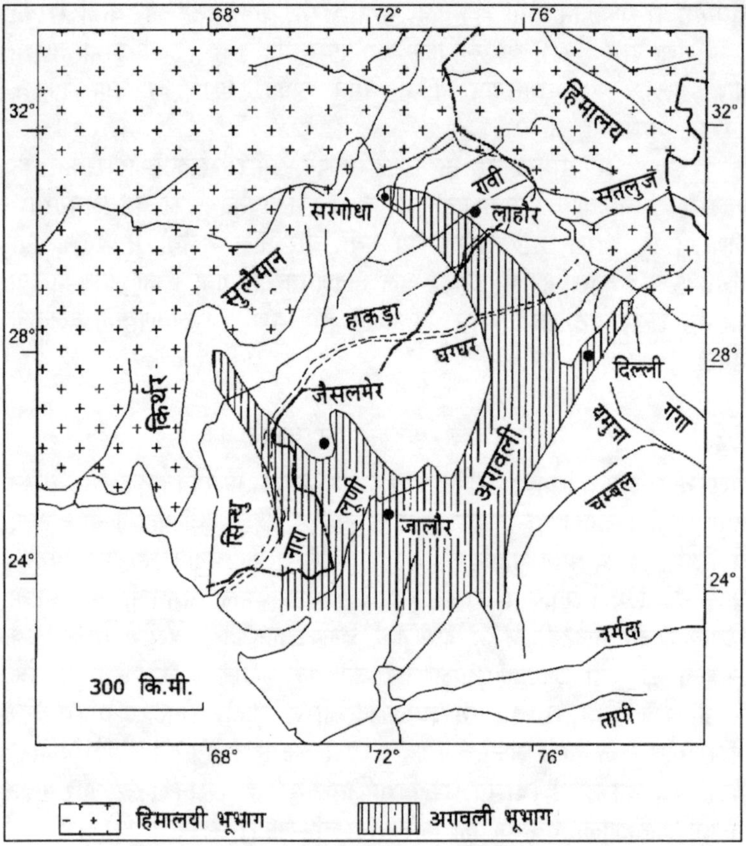

चित्र 5.6. अरावली पर्वतश्रेणी से निकल कर उसकी प्रच्छन्न (भूमिगत) शाखाएँ पश्चिमोत्तर दिशा में किर्थर–सुलैमान पर्वतमालाओं की तलहटी तक विस्तीर्ण हैं । ये प्रच्छन्न कटक (दबी–छिपी) सक्रिय भ्रंशों से सम्बन्धित हैं । इनके सक्रिय होने के कारण धरातल पर बदलाव आते हैं और कहीं नदियाँ थम जाती हैं, कहीं दिशा बदल देती हैं । (वल्दिया, 2002 के आधार पर)

शतद्रु (सतलुज) का रास्ता बदलना

पंजाब के मैदान–तले प्रच्छन्न दिल्ली–सरगोधा कटक के उभरने–उठने से सरस्वती की पश्चिमी शाखा शतद्रु विचलित होकर एकदम पश्चिम को मुड़ गयी (चित्र 5.7) । अंग्रेज़ी के ऐल् अक्षर के आकार के समान मोड़ को देखकर लगता है कि शतद्रु ने अकस्मात् ही मार्ग बदला होगा (वल्दिया,

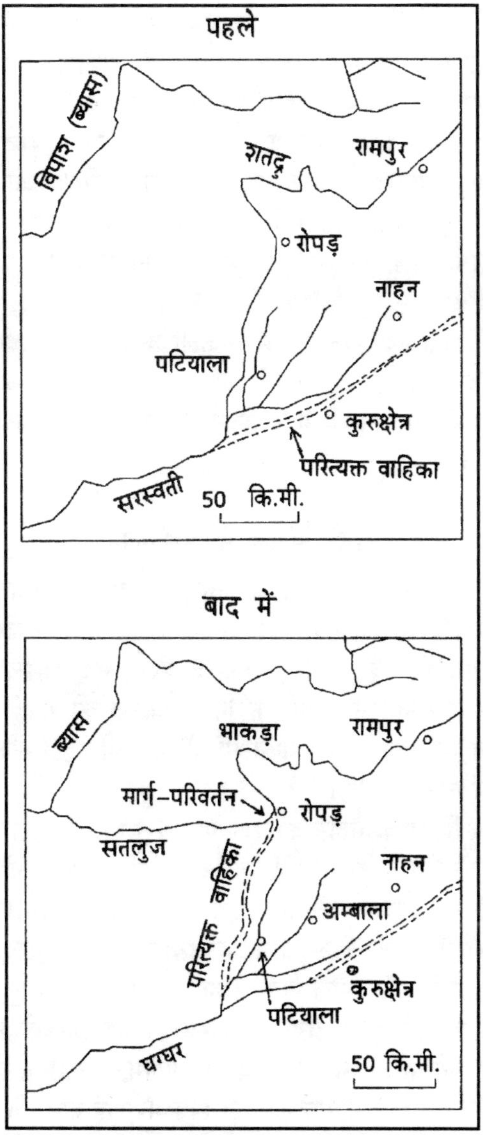

चित्र 5.7. पहले शतद्रु (सतलुज) दक्षिण की ओर बह कर सरस्वती से मिलती थी। लगभग 2500 वर्ष पूर्व उसने अचानक मार्ग बदल लिया -- विचलित होकर पश्चिम दिशा में बहने लगी और ब्यास से जा मिली। उसके परित्यक्त पथ में अब सरहिंद नहर है।

1968, 1984, 1996a, 1999a)। पंजाब–हरियाणा के मैदान में सदा–विचलित शतद्रु की अनेक परित्यक्त वाहिकाओं (पैलियोचैनल प्लेट 14ख) को देखकर लगता है कि यह घटना कदाचित् धीरे–धीरे एक अवधि में हुई थी (यशपाल आदि, 1980; सहाय, 1999)। जो हो, सरस्वती का साथ छोड़कर विपाशा (ब्यास) से नाता जोड़ते हुए शतद्रु सिन्धु की हो गयी।

सरस्वती पूरी तरह लुट गयी – पूर्णतः जलहीन हो गयी और एक क्षणभंगुर मौसमी नाला बन गयी। उसके मैदान में बसे नगर उजड़ गये, निर्जन हो गये।

चौदहवीं सदी तक सतलुज से निकली कुछ क्षुद्र जलधाराएँ सरस्वती की परित्यक्त वाहिका में आ मिलती थीं। मेजर रेवर्टि ने अपने संस्मरण (पृ. 391–392) में इस शताब्दी में सरस्वती (घग्घर) में आई भयंकर बाढ़ों का उल्लेख किया है।

सिन्धु अंचल में भूसंचलन

सिन्धु नदी का मैदान भी भूसंचलों से अछूता न रहा। सतलुज नदी ही नहीं, सिन्धु नदी भी पश्चिम दिशा में लगातार खिसकती रही। पिछले दस हज़ार सालों में लगभग 160 किलोमीटर सरकी है सिन्धु नदी (स्नैलग्रोव, 1979)। पहले वह भी सरस्वती के मुहाने के निकट कच्छ की खाड़ी में विसर्जित होती थी, परन्तु सुलैमान–किर्थर पर्वतश्रेणियों से लगी हुई धरती के धँसने से वह पश्चिम में चली आयी।

एक ओर सिन्धु के मैदान का एक भाग धँस रहा था, दूसरी ओर दक्षिण में मकरान का तटीय कटिबन्ध उठ रहा था। तटीय वेदिकाओं के नौ तलों (चित्र 5.8) से यह निष्कर्ष निकाला गया है कि तटीय भूभाग का नौ बार उत्थान हुआ (पेज आदि, 1979)। तटीय उत्थान के फलस्वरूप सिन्धु नदी अवरुद्ध हुई होगी और झीलें बनी होंगी। प्रवाह के अवरोधन के कारण सिन्धु मैदान जलमग्न हुआ होगा। फलस्वरूप मोहेन्जोदड़ो क्षेत्र के लोग विस्थापित हो गये होंगे (रायकिस, 1964; फ्लैम, 1993)। सन् 3900 से 3700 वर्ष पूर्व की अवधि में मोहेन्जोदड़ो क्षेत्र में आई बाढ़ों के कारण लोगों का निष्क्रमण हुआ था (लाल, 2004)। द्रष्टव्य है कि यह वही काल है जब कालीबंगाँ से भी लोगों की भगदड़ हुई थी, जब सरस्वती अपना मार्ग बदलकर यमुना में मिल गयी थी।

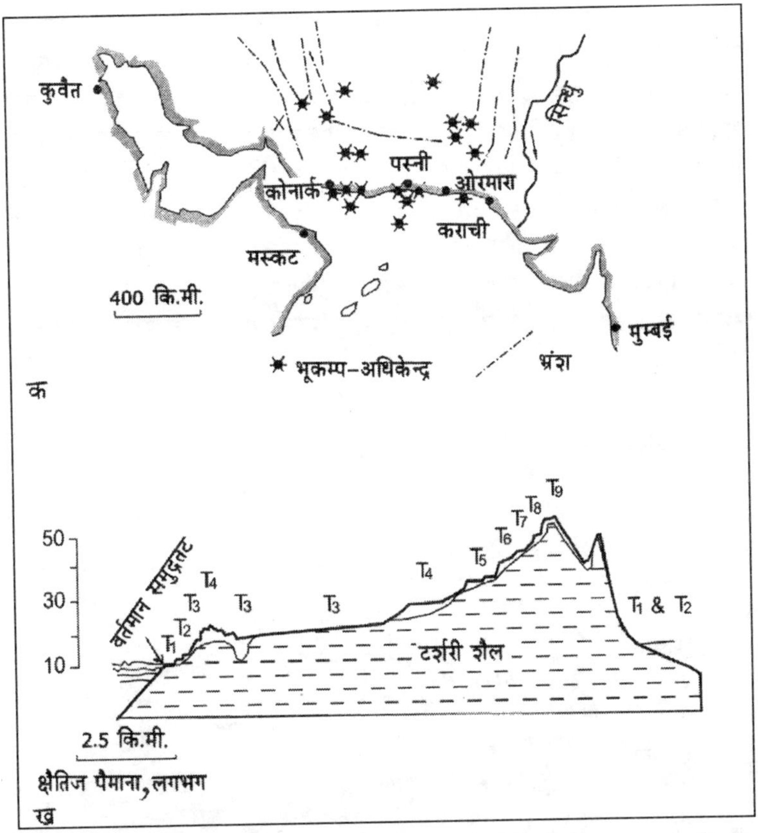

चित्र 5.8.(क) बलोचिस्तान के सरल संरचनात्मक मानचित्र में केवल महत्वपूर्ण भ्रंश एवम् भूकम्प-अधिकेन्द्र प्रदर्शित हैं।

(ख) बलोचिस्तान में मकरान तट पर पुलिनों (वेदिकाओं) के नौ तल इस तथ्य के सूचक हैं कि पिछले दस हज़ार वर्षों में तटीय कटिबन्ध का नौ बार उत्थान हुआ।

(पेज आदि, 1979 के आधार पर)

जलमग्न हो गयी द्वारका नगरी

कच्छ की खाड़ी में सरस्वती के डेल्टे के सामने खडीर द्वीप में अवस्थित धौलावीरा (प्लेट 7; चित्र 3.9 तथा 5.9) के अवशेषों को देखकर पता चलता है कि यह नगर भूकम्पों की चपेट में आया करता था। लगभग 4500 वर्ष पूर्व किसी बड़े भूकम्प में टूटे मकान की मरम्मत के चिह्न मिलते हैं (जोशी

तथा बिष्ट, 1994) । लगभग 4200 वर्ष पूर्व धरती फट गयी थी और मकानों की दीवारें टेढ़ी हो गयीं थीं (प्लेट 11क) और कुछ गिर पड़ी थीं (बिष्ट, 1993, 1997) । द्रष्टव्य है कि धौलावीरा पूर्व–से–पश्चिम दिशा में खिले भ्रंश के निकट अवस्थित है । इस दरार पर हुए भूसंचलन के परिणामस्वरूप 80 किलोमीटर लम्बा अल्लाह बन्द बना था (चित्र 5.9, 5.10 तथा प्लेट 9क) । सन् 1819 में इस भ्रंश के पुनः सक्रिय होने से 7.6±0.02 ऐम् पैमाने का भूकम्प हुआ था और 2.5 से 3.7 मीटर ऊँचा कगार बना था (बिलहम आदि 1998) । उथल–पुथल के कारण दक्षिणपूर्व सिन्ध में उपजी कोड़ी सरिता का जल अवरुद्ध हो गया था और सिन्द्री का किला सात मीटर धँस गया था ।

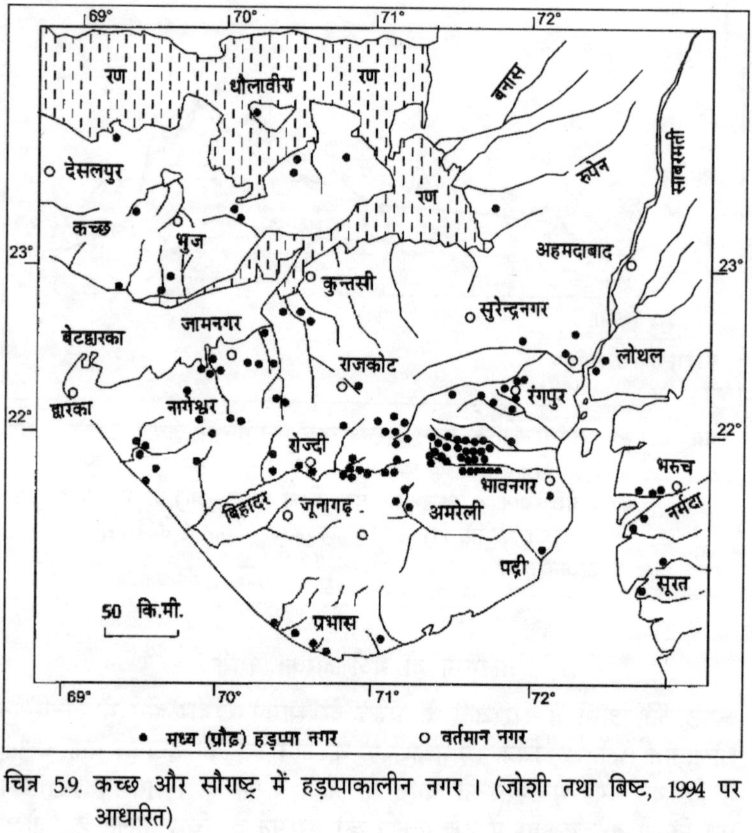

चित्र 5.9. कच्छ और सौराष्ट्र में हड़प्पाकालीन नगर । (जोशी तथा बिष्ट, 1994 पर आधारित)

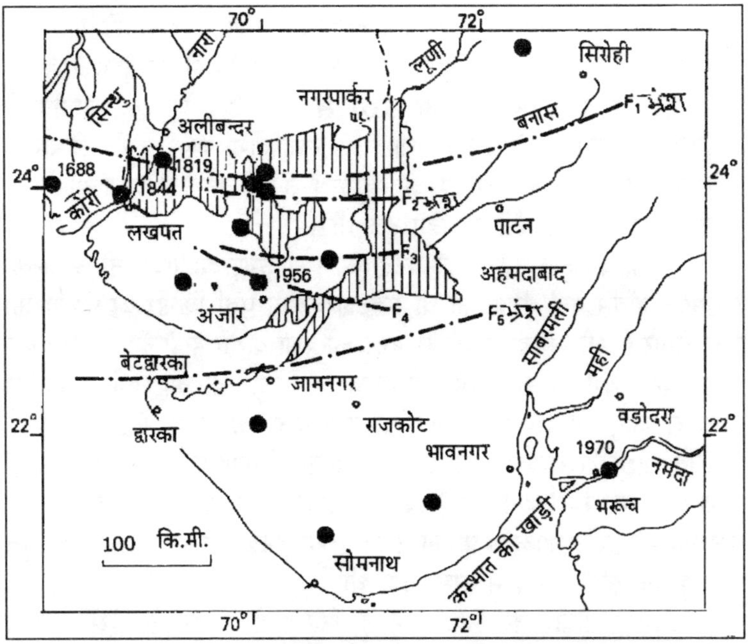

चित्र 5.10. कच्छ और सौराष्ट्र में ऐतिहासिक काल में हुए भूकम्पों के अधिकेन्द्रों का पूर्व–से–पश्चिम दिशा में खिले भ्रंशों से सम्बन्ध स्पष्ट दिखता है। दृष्टव्य है कि धौलावीरा और बेटद्वारका सक्रिय भ्रंशों के सन्निकट अवस्थित हैं। (विश्वास, 1987; राजेन्द्रन तथा राजेन्द्रन, 2000 के आधार पर)

पुरातन भूकम्पों से बने साइज़्माइटों के अध्ययन से ज्ञात होता है कि इस पट्टी में सन् 1819 भूकम्प के पूर्व तीन–चार शक्तिशाली भूचाल हुए थे। धरातल–सहित आन्तर्भौम अवसादों के प्रचण्ड कम्पन के कारण जल–सिक्त या नम बालू–रेत–मिट्टी की परतें विरूपित हो जाती हैं। कुछ द्रव्य तरल होकर निचुड़ जाता है और साइज़्माइटों की रचना होती है (प्लेट 9ख)। 4000 से 5000 वर्ष पुराना कार्बोनेटी पदार्थ एक शक्तिशाली भूकम्प द्वारा निचोड़ दिया गया था (राजेन्द्रन तथा राजेन्द्रन, 2000)। सम्भवतः 4000-5000 वर्ष पूर्व की अवधि में कभी यह प्रचण्ड भूचाल हुआ था।

वडोदरा के निकट मही घाटी में जो पुरातन साइज़्माइट दिखे हैं, वे 3320±90 तथा 2850±90 वर्ष पूर्व हुए भूकम्पों के साक्षी हैं (मौर्य आदि, 1998; कुसुमगर आदि, 1998)। ऐसा लगता है कि मध्य हॉलोसीन काल में

गुजरात का यह भूभाग भूकम्पों द्वारा झकझोरा गया था। सबसे महत्वपूर्ण भूकम्प 3410 वर्ष पूर्व और 3230 वर्ष पूर्व की अवधि में कभी हुआ था।

गुजरात के तटीय भाग में 5000 से 4000 वर्ष पूर्व की अवधि में समुद्रतल का उतार-चढ़ाव हुआ था (गौड़ तथा वोरा, 1999)। मेरे विचार में समुद्रतल के इस उतार-चढ़ाव का सम्बन्ध उन विवर्तनिक घटनाओं से है जिनसे गुजरात की धरती प्रताड़ित हुई थी।

द्वारका के कुछ उत्तर में है बेटद्वारका। श्रीकृष्ण की राजधानी आज की द्वारका न होकर यही बेटद्वारका थी। बेटद्वारका के पूर्वी किनारे पर पत्थरों की एक दीवार है जो समुद्री लहरों से नगर की रक्षा करती है (प्लेट 10क)। इस दीवार के पत्थरों के बीच गड़े हुए मृद्भाण्ड के टुकड़ों का थर्मोलुमिनिसैंस विधि से आयु-निर्धारण किया गया तो पता चला कि दीवार 3528 वर्ष पुरानी है (राव, 1996)। स्पष्ट है कि इस दीवार का निर्माण उत्तर हड़प्पा काल में हुआ था। महत्वपूर्ण बात यह है कि इस दीवार का बड़ा भाग समुद्री जल में डूब गया है (प्लेट 10क)। कहना न होगा कि बेटद्वारका नगरी 3528 वर्ष पूर्व के पश्चात् कभी समुद्र में समा गयी थी।

उपरोक्त दीवार के निकट समुद्र नितल में पत्थर के ऐसे अनोखे त्रिकोणाकार लंगर मिले हैं जिनमें तीन छेद हैं (प्लेट 10ख)। तीन छेदों वाले बिलकुल ऐसे लंगर 3400 वर्ष पूर्व के सीरिया और साइप्रस में भी होते थे (राव, 1991, 1996)। बेटद्वारका के निकट डूबे हुए लंगरों से लगता है कि बेटद्वारका पर कोई महाविपत्ति आयी थी जब उसका एक भाग धँसकर जलमग्न हो गया।

प्रदेश में भूकम्प

महाभारत के मौसल पर्व (गांगुली, 1998) में एक महत्वपूर्ण घटना का उल्लेख है। *महाभारत* युद्ध के 36 वर्ष बाद द्वारका की गलियाँ मूषकों व चूहों से भर गयीं, सारिकाएँ अनवरत चीं-चीं करने लगीं, सारस उल्लुओं की तरह घुघुआने लगे, बकरियाँ गीदड़ों की भाँति चिल्लाने लगीं, कबूतर अपने बसेरों से निकलकर आकाश में बिना रुके मँडराने लगे और गधे बेहूदी आवाज़ निकाल कर रेंकने लगे। पशु-पक्षियों के विचित्र आचरणों का अर्थ समझ कर श्रीकृष्ण ने अपने यादवों को द्वारका छोड़कर प्रभास-जैसे सुरक्षित स्थानों को चले जाने के लिए कहा।

कुछ ही समय बाद "समुद्र ने द्वारका के दीवारों–सहित भवनों को अविलम्ब, निगल लिया" – (*महाभारत,* मौसल पर्व, अनुच्छेद 7; गांगुली, 1998)

इस कथन से ज्ञात होता है कि द्वारका – अर्थात् बेटद्वारका नगरी – देखते–देखते समुद्र में समा गयी ।

पशु–पक्षियों का विचित्र आचरण स्थानीय नहीं था । दूर पूर्वोत्तर में पाण्डवों की राजधानी के लोगों ने भी देखा कि "पक्षी चक्र बनाकर आकाश में दायें से बायें घूम रहे हैं, महान नदी (यमुना) मार्ग बदल कर दूसरी दिशा में बहने लगी है" – (*महाभारत,* मौसल पर्व, अनुच्छेद 1; गांगुली, 1998)

यह विचित्र प्राकृतिक घटना देखी गयी 'महाभारत' युद्ध के पश्चात् छत्तीसवें वर्ष में ।

आज भी भूकम्पों की भविष्यवाणी करने के प्रयासों में पशु–पक्षियों के असंगत–विचित्र आचरणों के विश्लेषण का सहारा लिया जाता है । "कुत्ते बिना थके भौंकते हैं, उत्तेजित गाय–बैल और घोड़े रस्सियाँ तोड़कर चक्कर मारते हुए भागने लगते हैं, चूहे और साँप अपनी मादों से निकल कर ज़मीन पर सुन्न पड़े रहते हैं, मुर्गियाँ अण्डे देना बन्द कर देती हैं, खरगोश कान उठा कर उछलने लगते हैं, और कबूतर आकाश में अनवरत उड़ते रहते हैं" ।

गाय–बैल, भेड़–बकरी, घोड़ों–गदहों और चूहों–सापों के ऐसे ही असंगत आचरणों को चीनी भूकम्पविज्ञानियों ने एक भूकम्प की सफल पूर्वघोषणा का एक आधार बनाया था । 4 फरवरी 1975 को हुए 7.3 ऐम् पैमाने वाले शक्तिशाली भूकम्प से नौ लाख आबादी वाले हाइचैंग नगर का एक भी व्यक्ति नहीं मरा (डेंग आदि, 1981), क्योंकि सभी लोगों को समय पर बाहर भेज दिया गया था । यह स्पष्ट कर दिया जाये कि इस भूकम्प की भविष्यवाणी में सूक्ष्म भूकम्पों की प्रकृति, कुओं में रेडॉन गैस के उत्सर्जन, भूजल तथा कुओं में जल–तल के उतार–चढ़ाव के विश्लेषण को प्राथमिकता दी गयी थी ।

ऐसा प्रतीत होता है कि बेटद्वारका–द्वारका और हस्तिनापुर–इन्द्रप्रस्थ दोनों प्रदेशों में 3500–3400 वर्ष पूर्व (राव, 1999) की अवधि में कभी एक शक्तिशाली भूकम्प हुआ था (सारणी 5.1) । अरावली अंचल विवर्तनिक उथल–पुथल की चपेट में आया और बेटद्वारका नगरी धँस कर समुद्र में समा गयी ।

सारे भूभाग का स्वरूप ही बदल गया, और उजड़ गया हड़प्पा संसार ।

सारणी 5.1. पश्चिमोत्तर भारत में उत्तर हॉलोसीन काल में आये भूकम्पों तथा सम्बन्धित घटनाओं का समय–काल

घटना	आज से वर्ष पूर्व	संदर्भ
यमुना घाटी में वेदिका का उत्थान	3663±215 के बाद	वैस्नूस्की आदि, 1999
पाँवटासाहब में सरस्वती का मार्ग परिवर्तन	3900	वाकणकर, 1987
यमुना के मैदान में काल्पी के पास अवसादों का भूकम्पजनित विरूपण	5000 के बाद	सिंह आदि, 1997
यमुना के मैदान में हस्तिनापुर में भूकम्प	3664	विल्हैल्मी, 1969
यमुना का पूर्व दिशा को विचलन	3750	रायकिस, 1968
कालीबंगाँ का परित्याग और चोलिस्तान से निष्क्रमण	तीसरी सहस्राब्दि–पूर्व के मध्य में	मुग़ल, 1995
सतलुज का पश्चिम की ओर मुड़ना	द्वितीय सहस्राब्दि–पूर्व के मध्य में	विल्हैल्मी, 1969
धौलावीरा में भूकम्प	4500 तथा 4200	बिष्ट, 1993
मही घाटी, गुजरात, में भूकम्प	3320±90 2850±90	मौर्य आदि, 1998 कुसुमगर आदि, 1998
द्वारका का डूबना	3600	राव, 1996
गुजरात के तट पर समुद्रतल का उतार–चढ़ाव	5000-4000	गौड़ तथा वोरा, 1999

6

सरस्वती की त्रासदी : परिणाम

निर्जन हो गये नगर

सरस्वती नदी के सूखते ही हड़प्पा कालीन नगर उजड़ गये । मरुस्थली परिस्थितियों से जूझ रहे लोग अपना घरबार छोड़ कर पानी और हरियाली कि तलाश में उन स्थानों में जा बसे जहाँ जल, भोजन और व्यावसायिक अवसर सुलभ थे । नयी जन्मी यमुना और कालान्तर में शतद्रु के नये मार्ग वाले मैदान उत्तर हड़प्पाकालीन नगरों से भर गये (चित्र 5.1) । शिवालिक अंचल के दून भी आबाद हो गये । उत्तर हड़प्पाकालीन नगरों में प्रसिद्ध हैं सहारनपुर ज़िले में हुलास और मेरठ जनपद में आलमगीर (दीक्षित, 1998) । बड़ी संख्या में लोग गुजरात के तटीय क्षेत्रों एवम् नर्मदा–तापी घाटियों में जा बसे । सरस्वती अंचल में हड़प्पा सभ्यता का मूलस्थान निर्जन हो गया ।

जीवनशैली बदल गयी

भौगोलिक परिस्थितियों के परिवर्तन के साथ लोगों के रहने का ढंग भी बदल गया । हड़प्पा सभ्यता की प्रधानतः नागर संस्कृति के स्थान पर मुख्यतः ग्रामीण संस्कृति आ गयी । नगरों की तुलना में गाँवों की संख्या अधिक हो गयी । बस्तियों का आकार भी छोटा हो गया । मकान भी घटिया किस्म की ईंटों के बनने लगे थे । नगरों की व्यवस्था गड़बड़ा गयी । अनियमित ढंग के मकान बनने लगे । सफाई की प्रणाली नहीं रही और न रही जलापूर्ति की कोई सुविधा ।

चित्र 6.1. (क)

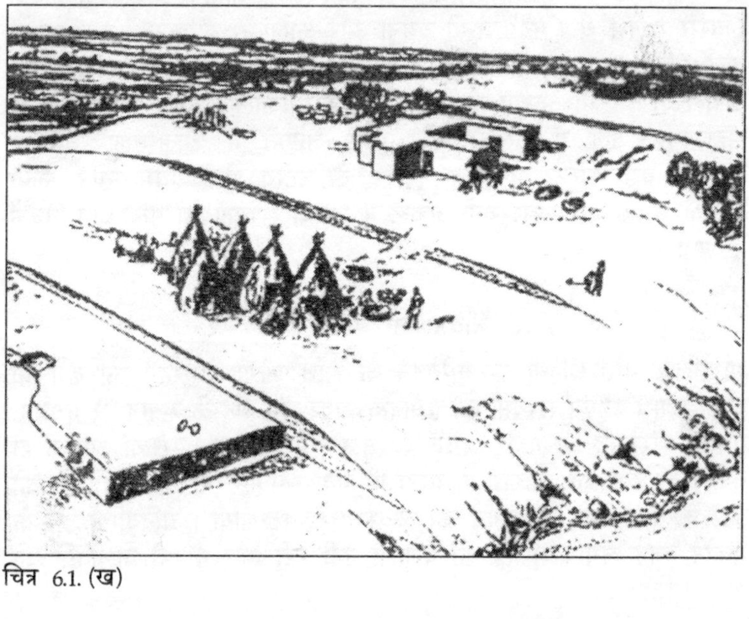

चित्र 6.1. (ख)

चित्र 6.1. (ग)

चित्र 6.1. (घ)

चित्र 6.1. (क) उत्तर हड़प्पाकालीन भगवानपुरा (ज़िला कुरुक्षेत्र) का एक मकान जिसमें 13 कमरे थे।

(ख) भगवानपुरा में दो अलग कालों में बने भवनों का एक परिकल्पित चित्र। झोपड़ियाँ शायद परवर्ती काल की हैं। (क, ख – जोशी, 2008 से)

(ग) पोतपत्तन लोथल की इस विशाल गोदी में बड़ी–बड़ी नावें आ–जा सकती थीं।

(घ) लोथल की गोदी के निकट पोतपत्तन की रचनाएँ। इनमें से एक है अन्न के भण्डारण का पात्र।

(ग, घ – चित्र लेखक द्वारा)

बहुत कम लोगों के पास थे रत्न–आभूषण। ऐसा प्रतीत होता है कि साधारण जन धनी नहीं रहा था – आम आदमी ग़रीब हो गया था।

हड़प्पा संस्कृति की अवनति गुजरात में 3900 से 3700 वर्ष पूर्व के लोथल, रंगपुर और धौलावीरा नगरों में भी देखी गयी। धौलावीरा में नागरिक भावना एवम् आचरण की अधोगति हो गयी। निजी घरों के नहाने के चबूतरे तथा मृद्भाण्ड की भट्टियाँ सड़कों तक फैल गयीं थीं। पानी की डिग्गियाँ मिट्टी से भर गयीं थीं। पुराने मकानों से उखाड़ी ईंटों से नये मकान बनाये जाते थे। भवन–निर्माण में ईंटों के स्थान पर पत्थरों का उपयोग होने लगा था (बिष्ट, 1991, 1999)।

हालांकि अब भी मोहरों का चलन था किन्तु अंतर्राष्ट्रीय व्यापार के स्थान पर अब केवल अन्तर्देशीय व्यापार होता था। बायें–से–दायें लिखी जाने वाली लिपि का बहुत कम प्रयोग होता था। स्पष्ट है कि विकास और उन्नति का दौर समाप्त हो गया था।

बहुसंख्य आंचलिक संस्कृतियाँ

प्राकृतिक विपदाओं एवम् मानवीय कृत्यों के फलस्वरूप प्रोन्नत हड़प्पा सभ्यता का पराभव हो गया। समाज विशृंखलित हो गया। हड़प्पा सभ्यता के स्थान पर उभरी अनेक आंचलिक संस्कृतियाँ (चित्र 7.1)। इन आंचलिक संस्कृतियों का भौगोलिक विस्तार सीमित था। उनकी अर्थव्यवस्था प्रधानतः कृषि–आधारित ग्रामीण थी। लोग किसी भाँति निर्वाह कर लेते थे, गुज़ारा हो जाता था। यद्यपि लोगों की जीवनशैली बदल गयी थी तथापि हड़प्पा काल की कुछ परिपाटियाँ बनी रहीं।

सरस्वती के नदीय मैदान से विस्थापित लोगों को प्रव्रजन एवम् पुनर्वास की विकट समस्याओं से जूझना पड़ा था। वे लोग नयी जीवनशैली के अतिरिक्त जीवन–यापन की दूसरी रीतियों को अपनाने के लिए विवश हो गये थे। गंगा के मैदान और उत्तरी गुजरात में रूपेन नदी के मैदान में बसने के लिए उन्हें वनों का सफाया करना पड़ा। वन्य–पशुओं से भरे थे ये वन। उनसे भी लोगों को निपटना पड़ा। सौभाग्य से लोहे के उपकरणों का प्रयोग होने लगा था। इन औजारों की सहायता से उन्होंने जंगल काट कर खेत बनाये, और हिंस्र पशुओं का सामना किया। सघन वनों से ढके गंगा के मैदान में हड़प्पोत्तर बस्तियों का अपूर्व विस्तार उन सीमान्ती लोगों के साहसिक कारनामों एवम् दृढ़ निश्चय का परिचायक है।

वनों से प्रचुर परिमाण में प्राप्त लकड़ी का उपयोग ईंटें बनाने और भाँति–भाँति के मिट्टी के बर्तनों के बनाने में हुआ। मृद्भाण्डों की रचना की

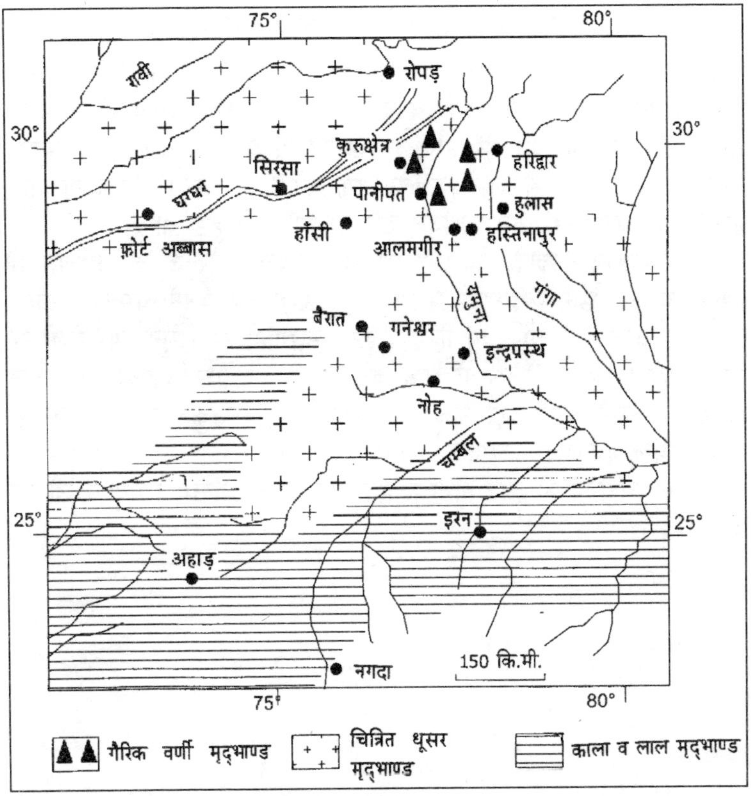

चित्र 6.2. उत्तरी और पश्चिमी भारत में हड़प्पोत्तर काल की बस्तियाँ (रोमिला थापर, 1979; राव, 1991; ऑल्किन तथा ऑल्किन, 1993 के आधार पर)

प्रविधि में उन्नति हुई। उन्नत टैक्नॉलॉजी के प्रमाण हैं देश के विभिन्न भागों में विकसित उन संस्कृतियों का विस्तार जिन्हें पुरातत्ववेत्ता चमकदार लाल मृद्भाण्ड (लस्ट्रस रैड वैयर), गैरिकवर्णी मृद्भाण्ड (ओकर–कलर्ड पॉटरि), चित्रित धूसर मृद्भाण्ड (पेन्टेड ग्रे वैयर), काले तथा लाल मृद्भाण्ड (ब्लैक ऐन्ड रैड वैयर) तथा पॉलिशयुक्त उत्तरी काला मृद्भाण्ड (नॉदर्न ब्लैक पॉलिश्ड वैयर) कहते हैं (चित्र 6.2; सारणी 4.1)।

चित्रित धूसर मृद्भाण्ड काल (2800-2400 वर्ष पूर्व) में आवासीय कृषिक अर्थव्यवस्था थी। लौह प्रविधियों का प्रयोग होता था और शिल्प कला विकसित हो गयी थी। महाकाव्य *महाभारत* में कवित्वमय भाषा में इसी काल का विशद वर्णन किया गया है (भान, 2000; लाल, 2008)।

तट पर नागर संस्कृति का पुनरुत्थान

गुजरात के तटीय क्षेत्रों में नागर संस्कृति के पुनरुत्थान के प्रमाण मिलते हैं। इसका उदाहरण मिलता हैं बेटद्वारका में जो हड़प्पा काल में पोतपत्तन था। बेटद्वारका नगरी ही श्री कृष्ण की द्वारका थी (प्लेट 12क)। यह समृद्ध नगर था। आक्रमणों से बचने के लिए नगर को प्राचीरों से घेरा गया था। इन प्राचीरों पर वृत्ताकार एवम् अर्धवृत्ताकार बुर्जियाँ बनी हुई थीं।

खम्भात की खाड़ी के छोर पर था लोथल, और उसके पश्चिम में प्रभास पत्तन। इन बन्दरगाहों में 3500 से 3200 वर्ष पुराने चमकदार लाल मृद्भाण्ड काल की चीज़ें मिली हैं। इन बन्दरगाहों से समुद्र–पार देशों से व्यापार होता था। लोथल में एक बड़ी गोदी थी (प्लेट 12ख तथा चित्र 6.1ग,घ) जिसमें बड़ी–बड़ी नावें आया करतीं थीं। निकट ही था चौंसठ–खण्डों वाला विशाल मालगोदाम (राव, 1991)।

इन रचनाओं से ज़ात होता है हड़प्पाकाल के अन्तिम समय में लोथल का गौरव।

7

ऋग्वेद और महाभारत में सरस्वती नदी और हड़प्पा सभ्यता

सांस्कृतिक एकता – देश एवम् काल में

पश्चिमोत्तर भारत के विभिन्न स्थानों में हुई पुरातात्विक खोजों से मिली जानकारी के आधार पर कहा जा सकता है कि देश के विशाल भूभाग में विस्तीर्ण थी हड़प्पा सभ्यता जो हज़ारों सालों की अवधि में भी जीवन्त बनी रही। उसकी एकरूपता अनेक पहलुओं में उद्‌भासित होती है – नगर सुनियोजित रीति से बने थे, भवनों का निर्माण पक्की ईंटों से होता था, व्यवसाय एवम् व्यापार से सम्बन्धित बाँट वैज्ञानिक आधार पर बनाये जाते थे, धातुओं से नाना प्रकार के उपकरण तथा आभूषण बनाये जाते थे, लोगों का कला और शिल्प के प्रति आग्रह था, इत्यादि। परन्तु लोगों की भाषा एक नहीं थी। वस्तुतः कई बोलियों का प्रचलन था। सिंध राज्य में ही मोहेन्जोदड़ो और हड़प्पा की मोहरों में अंकित चिह्न (लिपि) एक समान नहीं थे (वैल्स, 1998)।

एक हज़ार किलोमीटर लम्बे भूभाग में हड़प्पा सभ्यता की एकरूपता–समानता का एक अर्थ यह है कि लोग एक प्रदेश से दूसरे प्रदेश में बड़ी आसानी से निर्बाध आया–जाया करते थे। इसका आशय यह है कि सड़कों और जलमार्गों द्वारा लोगों का पारस्परिक सम्बन्ध बना रहता था।

ऋग्वेद तथा *महाभारत*–जैसे ग्रन्थों में जिन महत्वपूर्ण घटनाओं का वर्णन है, वे पुरातात्विक खोजों के आधार पर रचित इतिहास से मेल खाते हैं। दोनों में विलक्षण अनुरूपताएँ हैं। ऐसे कुछ उदाहरण प्रस्तुत हैं–

सर्वोत्तम नदी थी सरस्वती

ऋग्वेद के रचयिताओं के अनुसार सरस्वती नदी हिमालय में उपजी, पहाड़ों की बाधा काट कर मैदान पर उतरी और सागर में विसर्जित हो गयी – "शुचिर्यती गिरिभ्या आसमुद्रात्" (*ऋग्वेद,* 7-95-2)। "इयं शुष्मेमिविसखा इवारुजत् सानुगिरीणां तविषेभिरुमिभिः" (*ऋग्वेद,* 6.62.2)। इस आवेशमयी, वेगवती नदी का माहात्म्य सर्वोपरि है – "बृहदुगायिषे" "महोअर्णः" (*ऋग्वेद,* 6-61-2, 6-61-13, 7-96-1)। सात नदियों वाले "सप्तसैन्धव" देश की सबसे बड़ी नदी थी सरस्वती – "विश्वाआपो महिमा सिन्धुरयाः" (*ऋग्वेद,* 6-61-1, 7-36-6, 7-95-1)। इसीलिए इसे सभी नदियों में श्रेष्ठ "नदीतमे" माना जाता था (*ऋग्वेद,* 2-41-16)। सप्तसैन्धव देश में सात नदियाँ थीं – पूर्व में सरस्वती, मध्य में शुतुद्रि (सतलुज), विपाशा (ब्यास), परुष्णी या ऐरावती (रावी) चन्द्रभागा या असिक्नी (चिनाब) तथा वितस्तता (झेलम), और पश्चिम में सिन्धु तथा कुभा (काबुल नदी)।

इस सरस्वती की दो मुख्य सहायिकाएँ थीं – दृषद्वती (चौतंग) और आपया। सरस्वती और दृषद्वती का मैदान "ब्रह्मावर्त" कहलाता था। इस अंचल में था सुप्रसिद्ध "कुरुक्षेत्र", जिसमें महाभारत युद्ध हुआ था। "दक्षिणेन सरस्वत्या दृषद्वत्युचरेण च, ये वसन्ति कुरुक्षेत्रे ते वसन्ति त्रिविष्टपे" (*महाभारत,* वन पर्व)

ऋग्वैदिक जन

सरस्वती के मैदान में बसे लोगों में पाँच जातियाँ प्रमुख थीं – "पंचजाता वर्धयन्ति" (*ऋग्वेद,* 16-61-12)। इन जातियों में एक थी पुरुवंशी जन – "अधिक्षयन्ति पुरुवः" (*ऋग्वेद,* 7-96-2)।

सात नदियों के प्रदेश (सप्तसैन्धव) में रहने वाले लोगों के आख्यानों से ऐसा प्रतीत होता है कि ऋग्वैदिक काल के लोग ऊँचे पर्वतों को पार करके आये थे। उत्तर कुरु एवम् इलावृतवर्ष था उनका मूलस्थान। पामीर (मेरू) पर्वतपुंज के उत्तर और पश्चिम में आज के ताजिकिस्तान, किर्ग़िज़स्तान, उज़बेकिस्तान, तुर्कमेनिस्तान और पूर्वोत्तर अफ़ग़ानिस्तान के संलग्न प्रदेशों में था उनका स्वर्ग–समान इलावृतवर्ष। चक्षु (अमू दरिया)

और भद्रा (सिर दरिया) नदियों के इस अंचल के निवासी ऐसे नगरों में रहते थे जो प्राचीरों से घिरे होते थे। नगरों की किलेबन्दी का कारण शत्रुओं से अपनी रक्षा करना हो सकता है। यज्ञकुण्डों में अपनी पूजा अर्पित करने की परिपाटी थी उनकी (टी.पी. वर्मा, 2008)। महाभारत के वैदिक सम्पत्ति (पृ. 256-257) में उल्लेख है कि "विश्व के केन्द्र में आधे योजन चौड़े और पाँच योजन लम्बे पावन हिमालय में अवस्थित है मेरु पर्वत"।

हिमालयाभिधानोदयं ख्यातो लोकेषु पावनः। अर्धयोजनविस्तारः पञ्चयोजनमायतः। परिमण्डलयोर्मध्ये मेरुरूत्तपर्वतः। ततः सर्वाः समुत्पन्ना वृत्यो द्विजसत्तम।

सप्तसैन्धव के प्रगतिशील लोग

इलावृतवर्ष से आकर "सप्तसैन्धव" देश में बसे लोगों का राष्ट्र या समाज जनतान्त्रिक प्रणाली से संचालित होता था। इस सम्बन्ध में मेरी निजी मान्यता है। मेरी समझ में प्रशासनिक व्यवस्था का प्रमुख "प्रजापति" (आज के 'राष्ट्रपति' की भाँति) कहलाता था। प्रजापति का चुनाव निर्धारित अवधि के लिए होता था। पुराणों में दस प्रजापतियों का उल्लेख है। प्रजापति का प्रधानमंत्री "इन्द्र" नाम से जाना जाता था। देश की रक्षा-सुरक्षा का दायित्व भी इन्द्र पर था। वित्तमंत्री "कुबेर" कहलाते थे। राजकोष का दायित्व कुबेर पर था। मौसम विभाग के मंत्री को "वरुण" कहते थे। स्वास्थ्य, औषधि और चिकित्सा विभाग के मंत्री "अश्विनी कुमार" थे। "धर्मराज" न्यायमंत्री का पदनाम था। दण्डाधिकारी के रूप में वह "यमराज" की भूमिका भी निभाते थे। प्रशासक अपने गुरुओं-प्राध्यापकों को "बृहस्पति" कहते थे।

इलावृतवर्ष के समान भारतवर्ष के लोगों पर आध्यात्मिक गुरुओं (सन्तों) का प्रबल प्रभाव था। वे न केवल समाज की मर्यादा निर्धारित करते थे, वरन् राजनैतिक मामलों में दिशा-निर्देश भी दिया करते थे। कैलासपति शिव, सरोवर में द्वीपवासी विष्णु तथा मेरू अंचल के मनीषी ब्रह्मा उनके अत्यन्त पूजनीय आध्यात्मिक गुरु थे। ऐसा प्रतीत होता है कि शिव की सबसे प्रभावी भूमिका थी। पुनः स्पष्ट कर दूँ कि उपरोक्त दो अनुच्छेदों में मैने अपनी निजी मान्यता व्यक्त की है।

ऋग्वेद में शस्त्रागारों एवम् दुर्गों का उल्लेख है। इससे लगता है कि वैदिक जनों की अपनी सैन्य-व्यवस्था थी। सप्तसैन्धव में नयी आबाद धरती के जल-संसाधन पर नियंत्रण रखने और नये-नये नगर एवम् गाँव बसाने के प्रयासों के दौरान ऋग्वैदिक जनों का मूल निवासी-स्थानीय किसानों एवम्

वनवासियों से संघर्ष हुआ होगा। पर्वतपार से आये ये लोग अपने से भिन्न भाषा बोलने और भिन्न जीवनशैली एवम् रीतिरिवाज़ वाले आदिवासियों को घृणा से "दस्यु", "राक्षस", "दास", "पणि" आदि कहते थे। और अपने को, "आर्य" अथवा भद्रपुरुष। अपने देश को उन्होने "आर्यावर्त" कहा।

ऋग्वेद (2-19-6, 2-12-11) में आर्य नेता दिवोदास और आदिवासी प्रधान शम्बर के मध्य हुए युद्धों का वर्णन है। आर्य रहते थे सरस्वती के मैदान में और शम्बर के गढ़ थे पर्वतीय अंचल में।

आदिवासियों को परास्त कर और उनसे वैवाहिक सम्बन्ध स्थापित कर आर्यों ने विशाल भूभाग पर अपना राज्य फैला दिया। उसके बाद वे आपस में भी लड़ने लगे। दिवोदास की छटी पीढ़ी में था सुदास। वह पुरुवंशी राजा था। अपना वर्चस्व स्थापित करने के लिए वह दस राजाओं से लड़ा था ("दाशाराज़")। सुदास के वंशज सरस्वती के पूर्वी अंचल तथा दृषद्वती-आपया के मैदानों में रहते थे। वे यज्ञ करते थे (*ऋग्वेद,* 3-23-4)। महत्वपूर्ण बात यह है कि इसी अंचल में हड़प्पा कालीन कालीबंगाँ नगर में यज्ञकुण्ड (चित्र 4.12ग) मिले हैं और मिली है योनि-सहित शिवलिंग की मूर्ति (चित्र 4.12घ) (लाल, 1997, 2008)। ऐसा लगता है कि कालीबंगाँ राजधानी थी।

वैदिक आर्यों का रहन-सहन

ऋग्वेद के वर्णनों के आधार पर कहा जा सकता है कि नगरों में रहने वाले वैदिक आर्य यज्ञकुण्डों में अनुष्ठान करते थे (चित्र 4.12)। बाहरी हमलों से अपनी रक्षा करने के लिए वे अपने नगरों की किलाबन्दी करते थे। घोड़े वाले रथों में घूमते थे (चित्र 4.11ग)। इससे ऐसा प्रतीत होता है कि उनका प्रदेश ऊबड़-खाबड़ न होकर सपाट मैदान था (फ्रॉली, 1991; राजाराम तथा फ्रॉली, 1997; राजाराम, 1999)।

ग्राम्यवासी आर्य अन्नोत्पादन करते थे। साथ ही गाय-बैल, भेड़-बकरी और घोड़े पालते थे।

ऋग्वेद में इस बात का उल्लेख है कि विशेष प्रविधियों से ताँबे और काँसे के उपकरण तथा आभूषण बनाये जाते थे (रोमिला थापर, 2000)। रत्न-आभूषणों के शौकीन थे वे लोग (चित्र 4.12क)। उनका स्वर्णाभूषों के प्रति तो विशेष आकर्षण था।

स्थलमार्ग से विदेशों से व्यापार होता था। तटीय क्षेत्रों में ऐसे उदयमी लोग रहते थे जो समुद्र-पार देशों से व्यापार करते थे। समुद्रगामी साहसी आर्यों के पास सौ-सौ पतवारों वाले जहाज़ थे (*ऋग्वेद,* 1-116-6, 9-33-6)।

ऐसा लगता है कि अपने को 'आर्य' कहने वाले इन लोगों की राजनैतिक सत्ता से निकटता थी, और संसाधनों पर उनका नियंत्रण था (रोमिला थापर, 2000)। *ऋग्वेद* में उल्लिखित "सभा", "समिति", "सम्राट्", "राजन्" जैसे शब्दों से ध्वनित होता है कि सप्तसैन्धव प्रदेश में जनतांत्रिक प्रणाली थी। परन्तु इस प्रणाली में योद्धाओं एवम् पुरोहितों की महत्वपूर्ण भूमिका होती थी। समाज में ऋषियों का बड़ा सम्मान था। शिक्षकों की भूमिका निभाने वाले ऋषियों की अपनी–अपनी शिक्षण संस्थाएँ थी – अपने–अपने आश्रम थे। विशेषज्ञ ऋषि विशिष्ट शिक्षा प्रदान करते थे। (दूर परिवर्ती काल में जैमिनी मीमांसा दर्शन के मर्मज्ञ थे, कपिल सांख्यविज्ञान के निष्णात, पतंजलि योगशास्त्र के ज्ञाता, गौतम न्यायशास्त्र के विद्वान् तो कणाद वैशेषिक विज्ञान के विशेषज्ञ।)

धर्मग्रन्थों एवम् इतिहास के भाष्यकार "व्यास" कहलाते थे। कुरुवंश के राजपुरोहितों का पदनाम "वसिष्ठ" था। पीढ़ी–दर–पीढ़ी राजप्रमुखों को "व्यास" एवम् "वसिष्ठ" धर्म, राजनीति एवम् इतिहास का मर्म समझाते रहे।

महाभारत में सरस्वती

महाकाव्य *महाभारत* में उत्तर हड़प्पा और हड़प्पोत्तर कालों के देश का भूगोल, उसकी नदियों, वन–प्रान्तरों, उसके राज्यों (चित्र 7.1) और उसके लोगों का वर्णन है। सरस्वती अंचल के पश्चिमी तथा उत्तरी भागों में पुरुवंश का आधिपत्य था, पूर्वी भाग में कुरु राज करते थे, और दक्षिणपश्चिम भाग में यदुवंशी यादवों का नियंत्रण था। सरस्वती तथा दृषद्वती नदियों के मध्य के भूभाग को 'ब्रह्मावर्त' कहते थे (*मनुस्मृति,* 2-15)। इसी भूभाग में अवस्थित था कुरुक्षेत्र, जहाँ महाभारत युद्ध हुआ था।

अपने चौदह वर्षीय वनवास के दौरान कुरुवंश के पाण्डव सरस्वती के नदीय मैदान के वनों में रहते थे। एक बार शस्त्रायुधों का प्रशिक्षण लेने के लिये अर्जुन ने हिमालय की यात्रा की। वही उन्हें शिव शंकर से गाण्डीव धनुष प्राप्त हुआ। अपनी यात्रा का वर्णन करते हुए अर्जुन एक ऐसी प्रचण्ड नदी का उल्लेख करते हैं जिसमें भँवरों से आलोड़ित स्वच्छ निर्मल नीले जल की धाराएँ बहती थीं (*महाभारत,* वनपर्व, अनुच्छेद 38; गांगुली, 1998)। ऐसा लगता है कि वेगवती सरस्वती के किनारे ही अर्जुन ने यात्रा की थी।

शिवालिक श्रेणियों की तलहटी में सरस्वती के दो किनारों पर वसिष्ठ एवम् विश्वामित्र ऋषियों के आश्रम थे। एक बार भयंकर बाढ़ से वसिष्ठ का आश्रम बह गया था (*महाभारत,* शल्यपर्व, अनुच्छेद 63; गांगुली, 1998)।

बाढ़ का पानी बहुत ही लाल था। यह ज्ञातव्य है कि शिवालिक की पहाड़ियाँ बनी हैं धूसर सैन्डस्टोन तथा गहरे लाल रंग के शेल, मडस्टोन और क्लेस्टोन की। स्वाभाविक है कि बाढ़ के पानी का रंग गहरा लाल था।

आगे चल कर इसी सरस्वती के मध्यवर्ती अंचल में सघन वन थे। उन वनों में एक था द्वैत और दूसरा काम्यक। नाना प्रकार के जीव-जन्तुओं के शरणस्थल थे ये वन। द्वैत वन में ताड़ (ताल) के अतिरिक्त साल, मधुका, नीपा, कदम्ब, सज्जा, अर्जुन एवम् कर्णिकर के वृक्ष थे, और वन में विचरण करते थे मोर, दत्युह, चकोर, वर्हिन, कोकिला आदि पक्षी (*महाभारत,* वनपर्व, अनुच्छेद 24; गांगुली, 1998)। तालवृक्षों की उपस्थिति बताती है कि तब जलवायु उष्णार्द्र-शुष्कोष्ण थी।

द्वैत और काम्यक वनों में ऋषियों के आश्रम थे। नयनाभिराम काम्यक वन में ही अप्सरा उर्वशी ने पुरूवंश के पुरूरवा का दिल चुरा लिया था। पुरूरवा थे ययाति के पिता, पुरू के पितामह। पुरूवंशियों का राज्य था सरस्वती अंचल के पश्चिमी भाग में। इसी आश्रम में रहते थे दधीचि, परशुराम और व्यास-सदृश मनीषी। काम्यक वन में ही ख्यातिनामा धौम्य ऋषि का आश्रम था (*महाभारत,* वन पर्व, अनुच्छेद 26 तथा 36; गांगुली, 1998)। यह आश्रम शास्त्रार्थों और बौद्धिक गतिविधियों का केन्द्र था, जहाँ दूर-दूर से ज्ञानार्थी आया करते थे। विशिष्ट आगन्तुकों में थे द्वारका के सत्यभामा-सहित श्रीकृष्ण और हस्तिनापुर के पाण्डव (*महाभारत,* वनपर्व, अनुच्छेद 26; गांगुली, 1998)।

जब कुरुक्षेत्र में कौरवों-पाण्डवों का युद्ध हो रहा था तब श्रीकृष्ण के भाई बलराम को तीर्थाटन की सूझी। सरस्वती के किनारे चले बलराम। तट के उस स्थान से उन्होंने यात्रा आरम्भ की जहाँ "सरस्वती समुद्र में विलीन हो जाती है" (*महाभारत,* शल्यपर्व, अनुच्छेद 25; गांगुली, 1998)। बलराम ने देखा कि उदपन (आज के उदसर) के निकट सरस्वती लुप्त हो गयी। वाहिका में भरी नम रेत-मिट्टी पर उगी वनस्पति के आधार पर उन्होंने सरस्वती के पथ का पता लगाया (*महाभारत,* शल्यपर्व, अनुच्छेद 36; गांगुली, 1998)। आगे विनशन (आज के अनूपगढ़ के पास) सरस्वती पुनः अदृश्य हो गयी (*महाभारत,* वनपर्व; गांगुली, 1998)। किन्तु उससे आगे वह पुनः प्रकट हो गयी। और नागधन्वा स्थान में बलराम ने नागों-साँपों के झुण्ड के झुण्ड देखे। ऐसा लगता है कि नदी के ठहरे पानी से बनी झील के क्षेत्र में नागों की बस्ती थी।

इस वर्णन से स्पष्ट विदित होता है कि महाभारत काल के अन्तिम समय में सरस्वती बँध-बँध कर ताल-तलैयों में बदलने लगी थी, और

पश्चिमी अंचल में बालू-रेत के टीलों-टिब्बों में विलुप्त होने लगी थी। भूवैज्ञानिक इतिहास के विवेचन से भी यही निष्कर्ष निकलता है।

तट पर त्रासदी

महाभारत युद्ध की समाप्ति के छत्तीसवें वर्ष में कुरु राज्य के लोगों ने एक अपूर्व घटना देखी – यमुना नदी की धारा अपना तट छोड़ कर अकस्मात् दूसरे किनारे पर बहने लगी, और पक्षी आकाश में अनवरत चक्कर मारने लगे (*महाभारत,* मौसल पर्व, अनुच्छेद 1; गांगुली, 1998)। लगभग उसी समय सुदूर द्वारका में लोगों ने देखा कि गलियाँ चूहों और मूषकों से भर गयी हैं, चूहे सड़क पर सुन्न पड़ गये, मिट्टी के बर्तन चटक कर अकारण टूट गये, चिड़ियाएँ अनवरत चीं-चीं करने लगीं, गाय-बैल और बकरियाँ गला फाड़ कर्कश आवाज़ में चिल्लाने लगीं, और घोड़े रथ छोड़ कर भाग खड़े हुए (*महाभारत,* मौसल पर्व, अनुच्छेद 2; गांगुली, 1998)।

द्वारका नगरी दलदलों से घिरने लगी लगी थी और चारों ओर लम्बी-लम्बी कुश घास उग आयी थी। ऐसा लगता है कि वह धरती धँसने लगी थी (वल्दिया, 1984)। अन्ततः द्वारका नगरी समुद्र के गर्भ मे समा गयी। यह घटना अकस्मात् हुई होगी। क्योंकि *महाभारत* के मौसलपर्व के अनुच्छेद 8.42 तथा 8.44 में (गांगुली, 1998) लिखा है कि "लोगों के जाते ही रत्नों से परिपूर्ण द्वारका नगरी दैत्यों से भरे समुद्र में समा गयी। इस विलक्षण घटना को देखकर द्वारकावासी "हत् भाग हमारा" चिल्लाते हुए भागे।"

नियीते तु जने तस्मिन्सागरो मकरालयः ।
द्वारकां रत्नसंपूर्णां जलेनाप्लवयद् ॥
तदद्‌भुतमाभिप्रेश्र्य द्वारकावासिनो जनाः ।
तूर्णात्तूर्णतरं जग्मुरहो दैवमिति ब्रुवन् ॥

जिन्होंने भूकम्प एवम् ज्वालामुखीय विस्फोट की घटनाओं का अध्ययन किया है वे जानते हैं कि पशु-पक्षियों को आसन्न प्राकृतिक आपदाओं का पूर्वाभास हो जाता है और वे असंगत-विचित्र आचरण करने लगते हैं। यादवों के नेता श्रीकृष्ण द्वारका में पशु-पक्षियों के असंगत-विचित्र व्यवहार का अर्थ समझ गये थे। उन्होंने अपने पिता वसुदेव के नेतृत्व में यादवों को प्रभास-जैसे सुरक्षित स्थानों को भेज दिया। यादवों के जाने के कुछ समय बाद (सम्भवतः भूकम्प के साथ) विवर्तनिक भूसंचलन के फलस्वरूप द्वारका नगरी धँस कर समुद्र में समा गयी।

यादवों का कुशलक्षेम जानने को आये अर्जुन ने घर लौटने के लिए सरस्वती का पथ पकड़ा था। रास्ते में ही आदिवासी आभीरों (चित्र 7.1) के घात के शिकार हो कर वे बुरी तरह हार गये।

महाभारत काल एवम् उसकी संस्कृति के अवसान का आरम्भ थीं ये घटनाएँ।

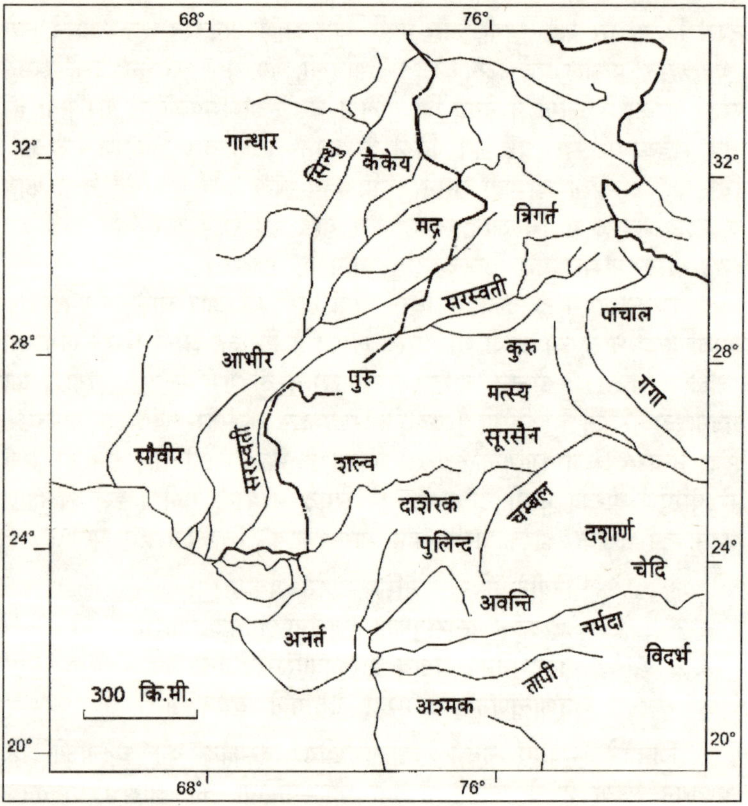

चित्र 7.1. ऋग्वेद काल में पश्चिमोत्तर भारत "सप्तसैन्धव" कहलाता था। परवर्ती समय में लोग उसे "आर्यावर्त" कहने लगे। महाभारत काल में वह भूभाग विभिन्न राज्यों में विभाजित हो गया।

वैदिक आर्य, हड़प्पा-कालीन लोग

उपरोक्त वर्णनों से स्पष्ट हो जाता है कि उत्तर हड़प्पा काल में पश्चिमोत्तर भारत की स्थलाकृति और आर्यों के देश की धरती में कोई भिन्नता नहीं थी, असमानता नहीं थी, और दोनों का परिवेश एक-सा था (वाकणकर, 1987; राव, 1991, 1997; मिश्र, 1993; गुप्त, 1996; लाल, 1997, 2008)। वस्तुतः हड़प्पा सभ्यता और वैदिक संस्कृति को अलग नहीं किया जा सकता (बिष्ट, 1998)। उनमें न केवल अत्यधिक समानता है वरन दोनों की कालावधि भी एक ही है (शिवाजी सिंह, 2008)।

किन्तु सभी विद्वान् उपरोक्त मत से सहमत नहीं हैं। कुछ इतिहासकार मानते हैं कि हड़प्पा सभ्यता और वैदिक सभ्यता भिन्न-भिन्न काल की थीं और इसलिए उनमें परस्पर तुलना नहीं की जा सकती (शर्मा, 1999; रोमिला थापर, 2000; कोछर, 2000)। ऐसा भी माना जाता है कि जाति-एवम् प्रदेश-आधारित सरस्वती-सिन्धु सभ्यता का सामाजिक तथा आर्थिक ढाँचा ऋग्वैदिक एवम् उत्तर वैदिक संस्कृति से नितान्त भिन्न था (सूरज भान, 2000)।

किन्तु पुरातात्विक खोजों में मिले साक्ष्यों को समग्र रूप में देखा जाये तो प्रतीत होता है कि आरम्भिक ऋग्वैदिक संस्कृति मिलती-जुलती है हड़प्पा सभ्यता से और उत्तर वैदिक संस्कृति की समानता है उस चित्रित धूसर मृद्भाण्ड संस्कृति से जिसकी समयावधि 2800 वर्ष पूर्व से लेकर 2400 वर्ष पूर्व तक थी।

विडम्बना है कि वैदिक काल के लोगों का साहित्य तो है परन्तु इतिहास एवम् पुरातात्विक साक्ष्य नहीं, और हड़प्पा सभ्यता का पुरातात्विक इतिहास तो है, परन्तु साहित्य नहीं। परन्तु मेरा मानना है कि *महाभारत* के द्वारका और प्रभास नगरों की हड़प्पाकालीन धौलावीरा तथा लोथल नगरों से स्थान एवम् काल की निकटता अत्यन्त अर्थपूर्ण है। यह सन्निधि हड़प्पा एवम् वैदिक सभ्यताओं की अभिन्नता एवम् समसामयिकता प्रदर्शित करती है।

संदर्भ सूची

Ahmad, F (1986) Geological evidence bearing on the origin of the Rajasthan desert, *Proc. Ind. National Sci. Acad.*, 52: 1285-1306.

Allchin, R and Allchin, B (1993) *The Birth of Indian Civilization*, Penguin, New Delhi, p. 338.

Allchin, B and Allchin, R (1996) *The Rise of Civilization in India and Pakistan*, Cambridge University Press, New Delhi, p. 379.

Bakliwal, P C and Sharma, S B (1980) On the migration of the Yamuna River, *Jour. Geol. Soc. Ind.*, 21: 461-463.

Bakliwal, P C and Ramasamy, S M (1987) Lineament fabric of Rajasthan and Gujarat, *Record Geol. Survey Ind.*, 113(7): 54-65.

Bakliwal, P C and Grover, A K (1988) Signatures and migration of Saraswati River in Thar Desert, Western India, *Record Geol. Survey Ind.*, 116: 77-86.

Barnabas, S and Suresh, C G (1998) Molecular genetic markers in the study of human heritage. In: Balasubramanian, D and Appaji Rao, N (Eds) *The Indian Human Heritage*, Universities Press, Hyderabad, pp. 27-44.

Bhan, Suraj (1972) Changes in the course of the Yamuna and their bearing on the protohistoric cultures of Haryana. In: Deo, S.B. (Ed) *Archaeological Congress and Seminar Papers*, Nagpur University, Nagpur, pp. 125-128.

——. (2000) Aryanization of the Indus Civilization. In: Panikkar, K N, Byres, T J and Patnaik, U (Eds) *The Making of History*, Tulika, New Delhi, pp. 41-55.

Bhardwaj, O P (1987) Vedic Saraswati, *Jour. Indological Studies* (Haryana Sahitya Akademi, Chandigarh), 2: 38-58.

Bhargava, M L (1964) *The Geography of Rigvedic India*, Upper India Publishing House, Lucknow.

Bilham, R, Blume, F, Benedick, R and Gaur, V K (1998) Geodetic constraints on translation and deformation of India, *Current Science*, 74: 213-229.

Bisht, R S (1982) Excavations at Banawali: 1974-1977. In: Possehl, G L (Ed) *Harappa Civilization*, Oxford & IBH, New Delhi, pp. 113-124.

——. (1984) Structural remains and town planning of Banawali. In: Lal, B B and Gupta, S P (Eds) *Frontiers of the Indus Civilization*, Books & Books, New Delhi, pp. 89-97.

——. (1991) Dholavira, new horizon of the Indus Civilization, *Puratattva*, 20: 70-82.

——. (1998) Harappans and the Rigveda: Points of Convergence. In: Pande, G C (Ed) *History of Science, Philosophy and Culture in Indian Civilization*, Vol. I, Oxford University Press, Kolkata, pp. 391-439.

——. (1999) Dholavira and Banawali: Two different paradigms of the Harappan urban formation, *Puratattva*, 29: 14-35.

Biswas, S K (1987) Regional tectonic framework, structure and evolution of western continental marginal basins of India, *Tectonophysics*, 135: 307-327.

Bose, N K and Sen, D (1958) The Stone Age in India. In: *The Cultural Heritage of India*, Ramakrishna Mission Institute of Culture, Kolkata, pp. 93-109.

Bryson, R A and Swain, A M (1981) Holocene variations of monsoon rainfall in Rajasthan, *Quat. Research*, 16: 135-145.

Chakrabarti, D K (1999) *India: An Archaeological History*, Oxford University Press, New Delhi, p. 374.

Chaubey, G M and 31 others (2008) Phylogeography of mtDNA haplogroup R-7 in the Indian Peninsula, *BMC Evol. Biology*, 7: 36-45.

Chaudhuri, A R (2008) Civilization along the Saraswati River – A scientific approach. In: S. Kalyanaraman (Eds.) *Vedic River*

Sarasvati and Hindu Civilization, Aryan Books International, New Delhi, pp. 356-377.

Courty, M A (1995) Late Quaternary environmental changes and natural constraints to ancient landuse (Northwest India). In: Johnson, E (Ed) *Ancient Peoples and Landscapes*, Museum of Texas Tech. Univ., Lubbock, Texas, pp. 106-126.

Das-sarma, D C (1988) Post-orogenic deformation of the Precambrian crust in northeast Rajasthan. In: Roy, A B (Ed) *Precambrian of Aravali Mountain Range*, Rajasthan, Geol. Soc. India, Bangalore, pp. 109-120.

Deng, Q, Jiang, Pu, Jones, L M and Molnar, P (1981) A preliminary analysis of reported changes in groundwater and anomalous animal behaviour before the 4th February 1975 Haicheng earthquake. In: *Earthquake Prediction: An International Review*, Amer. Geophysical Union, Washington, pp. 543-565.

Dhir, R P, Rajaguru, S N and Singhvi, A K (1994) Desert Quaternary formations and their morphostratigraphy: Implications for the evolutionary history of the Thar, *Jour. Geol. Soc. India*, 43: 435-447.

Enzel, Y, Ely, L L, Mishra, S, Ramesh, R, Amit, R, Lazar, B, Rajaguru, S N, Baker, V R and Sandler, A (1999) High-resolution Holocene environmental changes in the Thar Desert, northwestern India, *Current Science*, 284: 125-128.

Flam, L (1993) Fluvial geomorphology of the lower Indus basin (Sindh, Pakistan) and the Indus Civilization. In: Shroder, J F Jr. (Ed) *Himalaya to the Sea*, Routledge, London, p. 265-326.

Feurstein, G, Kak, S and Frawley, D (1995) *In Search of the Cradle of Civilization*, Motilal Banarsidass, Delhi, p. 314.

Frawley, D (1991) *Gods, Sages and Kings: Vedic Secrets of Ancient Civilization*, Motilal Banarsidass, Delhi, pp. 396.

Gadgil, M, Joshi, N B, Shambu Prasad, U V, Manoharan, S and Patil, S (1998) Peopling of India. In: Balasubramanian, D and Appaji Rao, N (Eds) *The Indian Human Heritage*, Universities Press, Hyderabad, pp. 100-129.

Ganguli, K M (1998) *The Mahabharat of Krishna-Dwaipayana Vyasa* (12 volumes), Munshiram-Manoharlal Publishers, New Delhi (Reprint of 1883-1896 edition).

Gaur, A S and Vora, K H (1999) Ancient shorelines of Gujarat, India during the Indus Civilization (Late-Mid Holocene): A study based on archaeological evidence, *Current Science*, 77: 180-185.

Geyh, M A and Ploethner, D (1995) An applied palaeohydrological study of Cholistan, Thar Desert, Pakistan. In: Adar, E M and Leibundgut, C (Eds) *Applications of Tracers in Arid Zone Hydrology*, International Assoc. Hydrological Sciences, Vienna, pp. 119-127.

Ghose, B, Kar, A and Hussain, Z (1979) The lost courses of the Saraswati river in the Great Indian desert: New evidence from LANDSAT imagery, *Geograph. Jour. London*, 145(3): 446-451.

Gutpa, A K, Sharma, J R, Sreenivasan, G and Srivastava, K S (2004) New findings on the course of River Saraswati, *Jour. Indian Soc. Remote Sensing*, 32: 1-24.

Gupta, A K, Bhadra, B K and Sharma, J R (2008) Saraswati drainage system of Haryana – Satellite-based study. In: S. Kalyanaraman (Ed) *Vedic River Sarasvati and Hindu Civilization*, Aryan Books International, New Delhi, pp. 46-64.

Gupta, S P (1996) *The Indus-Saraswati Civilization*, Pratibha Prakashan, Delhi, p. 110.

Jarrige, J-F and Meadow, R D (1980) The antecedents of civilization in the Indus Valley, *Scientific American*, 243(2): 102-110.

Joshi, J P (1972) Exploration in Kutch and excavation at Surkotada, and new light on Harappan migration, *Jour. Oriental Institute at Baroda*, 22(1): 98-144.

Joshi, J P and Bisht, R S (1994) *India and the Indus Civilization*, National Museum Institute, New Delhi.

——. (2008) *Harappan Architecture and Civil Engineering*, Rupa & Co., New Delhi, p. 218.

Kak, S C (1997) Archaeoastronomy and literature, *Current Science*, 73: 624-627.

Kalyanaraman, S (Ed) (2008) *Vedic River Sarasvati and Hindu Civilization*, Aryan Books International, New Delhi, p. 398.

——. (2008) *Sarasvati Civilization* (7 volumes), Baba Saheb Apte Smarak Samiti, Bangalore.

——. (2008) *Sarasvati: Vedic River and Hindu Civilization*, Saraswati Research & Education Trust, Chennai, p. 135.

Kar, Amal (1988) Possible neotectonic activities in the Luni-Jawar plains, Rajasthan, *Jour. Geol. Soc. India*, 32: 522-526.

——. (1995) Geomorphology of arid western India, *Mem. Geol. Soc. India*, 32: 168-190.

——. (1998) Saraswati River in the Thar Desert of Rajasthan, *Desert Environment News*, 2(3-4): 2-4.

——. (1999) A hitherto unknown palaeodrainage system from the radar imagery of southeastern Thar Desert and its significance, *Memoir Geol. Soc. India*, 42: 229-235.

Kar, Amal and Ghose, Bimal (1984) The Drishadvati River system of India: An assessment of new findings, *The Geographical Jour.*, 150: 221-229.

Kenoyer, J M (1998) *Ancient Cities of the Indus Valley Civilization*, Oxford University Press, Karachi.

Kochhar, N, Kochhar, R and Chakrabarti, D K (1999) A new source of primary tin ore in the Indus Civilization, *South Asian Studies*, 15: 115-118.

Kochhar, R (2000) *The Vedic People: Their History and Geography*, Orient Longman, Hyderabad, p. 259.

Krishna Brahmam, N (1993) Gravity and seismicity of Jaisalmer region, Rajasthan, *Current Science*, 64: 837-840.

Krishnaswamy, V S, Jalote, S P and Shome, S K (1970) Recent crustal movements in northwest Himalaya and the Gangetic foredeep and related pattern of seismicity, *Proc. 4th Symp. Earthquake Engineering*, Roorkee University, Roorkee, pp. 419-439.

Kusumgar, S, Raj, Rachana, Chamyal, L S and Yadav, M G (1998) Holocene palaeoenvironmental changes in the lower Mahi basin, western India, *Radiocarbon*, 40: 819-823.

Lal, B B (1979) Kalibangan and the Indus Civilization. In: Agrawal, D P and Chakrabarti, D K (Eds) *Essays in Indian Protohistory*, B R Publishing Corporation, Delhi, pp. 65-97.

——. (1971) Perhaps the earliest ploughed field so far excavated anywhere in the world, *Puratattva*, 4: 1.

——. (1997) *The Earliest Civilization of South Asia*, Aryan Books International, New Delhi, p. 287.

——. (1998) *India 1947-1997: New Light on the Indus Civilization*, Aryan Books International, New Delhi, pp. 116-123.

——. (2002) *The Saraswati Flows On*, Aryan Books International, New Delhi, p. 148.

Malik, J N, Merh, S S and Sridhar, V (1999) Palaeodelta complex of Vedic Saraswati and other ancient rivers of northwestern India, *Memoir Geol. Soc. India*, 42: 163-174.

Maurya, D M, Raj, Rachana and Chamyal, L S (1998) Seismically induced deformational structures (seismites) from the Mid-Late Holocene terraces, lower Mahi Valley, Gujarat, *Jour. Geol. Soc. India*, 51: 755-758.

Merh, S S (1993) Neogene-Quaternary sequence in Gujarat: A review, *Jour. Geol. Soc. India*, 41: 259-276.

——. (1995) *Geology of Gujarat*. Geological Society of India, Bangalore, p. 222.

Misra, V N (1961) Palaeolithic culture of western Rajasthan, *Bull. Deccan College & Research Institute*, Pune, 21: 86-156.

——. (1984) Climate, a factor in the rise and fall of the Indus civilization – Evidence from Rajasthan and beyond. In: Lal, B B and Gupta, S P (Eds) *Frontiers of the Indus Civilization*, Books & Books, New Delhi, pp. 461-489.

——. (1995a) Geochronology of the Thar Desert, Northwest India. In: Wadia, S, Korisettar, R and Kale, V S (Eds) *Quaternary Environments and Geoarchaeology of India*, Geol. Soc. India, Bangalore, pp. 210-230.

——. (1995b) Lost Saraswati: The Cradle of Harappan Civilization. In: *Manthan*, XV-4-XVI-1, Deen Dayal Institute, New Delhi, pp. 98-116.

Mitra, D S, Bhoj, R and Agrawal, R P (1992) Neotectonics and its significance in dune formation of western Rajasthan, *Bull. O.N.G.C.*, 29(1): 82-92.

Mughal, M R (1974) New evidence of the Early Harappan Culture from Jalilpur, Pakistan, *Archaeology*, 27: 106-113.

——. (1984) The Post-Harappan Phase in Bahawalpur District, Pakistan. In: Lal, B B and Gupta, S P (Eds) *Frontiers of the Indus Civilization*, Books & Books, New Delhi.

——. (1992) The geographical extent of the Indus Civilization during the Early, Mature and Late Harappan times. In:

Possehl, G L (Ed) *South Asian Archaeological Studies*, Oxford and IBH, New Delhi, pp. 123-143.

Nair, A R, Navada, S V and Rao, S M (1999) Isotope study to investigate the origin and age of groundwater along palaeochannels in Jaisalmer and Ganganagar district of Rajasthan, *Memoir Geol. Soc. India*, 42: 315-319.

Oldham, C F (1893) The Saraswati and the lost river of the Indian desert, *Jour. Royal Asiatic Soc. London*, 34: 49-76.

Oldham, R D (1886) On the probable change in the geography of the Panjab and its rivers: An historical geographical study, *Jour. Asiatic Soc. Bengal*, 55: 322-343.

Page, W D, Aet, J N, Cluff, C S and Plafken, G (1979) Evidence for recurrence of large-magnitude earthquakes along the Makran Coast of Iran and Pakistan, *Tectonophysics*, 52: 533-547.

Possehl, G L (1999) *Indus Age: The Beginning*, Oxford & IBH, New Delhi.

Puri, V M K and Verma, B C (1998) Glaciological and geological source of Vedic Saraswati in the Himalayas, *Itihas Darpan*, 4: 7-36.

Puri, V M K (2008) Vedic Sarasvati: Scientific signatures on its origin from Himalaya. In: S. Kalyanaraman (Ed) *Vedic River Sarasvati and Hindu Civilization*, Aryan Books, New Delhi, pp 14-35.

Quittmeyer, R C and Jacob, K H (1979) Historical and modern seismicity of Pakistan, Afghanistan, Northwestern India and Southeastern Iran, *Seismological Soc. Amer. Bull.*, 69: 773-823.

Raghav, K S (1999) Evolution of drainage basins in parts of northern and western Rajasthan, Thar Desert, India, *Memoir Geol. Soc. India*, 42: 175-185.

Raikes, R L (1964) The end of the ancient cities of the Indus, *Amer. Anthropologist*, 66: 284-299.

——. (1968) Kalibangan: Death from natural causes, *Antiquity*, 42(168): 286-291.

Rajal, B S, Virdi, N S and Hasija, N L (1986) Recent crustal uplift in the Doon Valley, *Proc. Intern. Symp. Neotectonics in South Asia*, Survey of India, Dehradun, pp 146-159.

Rajaram, N S (1994) Saraswati river in science, history and myths, *Quat. Jour. Mythic Soc.*, Bangalore, 85(3): 75-107.

——. (1999) Saraswati civilization on the Harappan seals, *Memoir Geol. Soc. India*, 42: 63-69.

——. (2006) *Sarasvati River and the Vedic Civilization*, Aditya Prakashan, New Delhi.

Rajaram, N S and Frawley, D (1997) *Vedic Aryans and the Origin of Civilization*, Voice of India, New Delhi, p. 328.

Rajaguru, S N and Badam, G L (1999) Late Quaternary geomorphology and environment of the Markanda valley, H.P., *Memoir Geol. Soc. India*, 42: 143-152.

Rajawat, A S, Sastry, C V S and Narain, A (1999) Application of pyramidal processing on high resolution IRS I-C data for tracing migration of the Sarasvati River in parts of Thar Desert, *Memoir Geol. Soc. India*, 42: 259-272.

Rajendran, C P and Rajendran, K (2000) Geological investigations in the 1819 Kutch (NW India) seismic zone and implications for mechanism of SCR earthquakes. *Proc. Intern. Symp. Active Faults*, Hokuden, Japan, pp. 387-391.

Ramasamy, S M (1999) Neotectonic controls in the migration of Saraswati River of the Great Indian desert, *Memoir Geol. Soc. India*, 42: 153-162.

Ramasamy, S M, Bakliwal, P C and Verma, B P (1991) Remote sensing and river migration in western India, *Intern. Jour. Remote Sensing*, 12: 2597-2609.

Rao, S R (1991) *Dawn and Devolution of the Indus Civilization*, Aditya Prakashan, New Delhi, p. 392.

——. (1996) From Dwaraka to Kurukshetra, *Jour. Marine Archaeol.*, 5-6: 61-71.

——. (1999) *The Lost City of Dwaraka*, Aditya Prakashan, New Delhi.

Roy, A B (1999) Evolution of saline lakes in Rajasthan, *Current Science*, 76: 290-295.

Sahai, Baldev (1999) Unravelling of the 'lost' Vedic Saraswati, *Memoir Geol. Soc. India*, 42: 121-141.

Sen, D and Sen, S (1983) Post-Neogene tectonism along the Aravali range, Rajasthan, *Tectonophysics*, 93: 75-98.

Sharma, D C, Kalra, N K, Srivastava, A and Singh, R B (1999) An appraisal of space technology to identify the palaeochannels of River Saraswati in Anupgarh, Pilibanga and parts of Ganganagar and Hanumangarh districts. In: Paliwal, B S (Ed) *Geological Evolution of Northwestern India*, Scientific Publishers, Jodhpur, pp. 260-270.

Sharma, R S (1999) *Advent of the Aryans in India*, Manohar Publications, New Delhi.

Singh, Bhagwan (1995) *The Vedic Harappans*, Aditya Prakashan, New Delhi.

Singh, G, Joshi, R D, Chopra, S K and Singh, A B (1974) Late Quaternary history of vegetation and climate of the Rajasthan desert, India, *Philos. Trans. Royal Soc. London.*, 267B: 467-501.

Singh, I B, Rajagopalan, G, Agarwal, K K, Srivastava, P, Sharma, M and Sharma, S, (1997) Evidence of Middle to Late Holocene neotectonic activity in the Ganga Valley, *Current Science*, 73: 1114-1117.

Singh, Shivaji (2008) Where lived the Rigvedic rishis, rulers and artisans, the founders of Bharatiya sanskriti. In: S. Kalyanaraman (Ed) *Vedic River Sarasvati and Hindu Civilization*, Aryan Books International, New Delhi, pp. 118-145.

Singhvi, A K and Kar, A (Eds) (1992) *Thar Desert in Rajasthan – Land, Man and Environment*, Geol. Soc. India, Bangalore, p. 186.

Sinha-Roy, S (1986) Himalayan collision and indentation of Aravali orogen by Bundelkhand wedge: Implications for neotectonics in Rajasthan, *Proc. Intern. Symp. Neotectonics in South Asia*, Survey of India, Dehradun, pp. 13-24.

Sinha-Roy, S, Malhotra, G and Mohanty, M (1998) *Geology of Rajasthan*, Geol. Soc. India, Bangalore, p. 278.

Snelgrove, A K (1979) Migration of the Indus, Pakistan, in response to plate tectonic motions, *Jour. Geol. Soc. India*, 20: 392-403.

Soni, V, Sharma, D C, Srivastava, K S and Sisodia, M S (1999) Hydrogeological, geophysical and isotope study to trace the course of burried 'Saraswati' River in Jaisalmer district, Rajasthan. In: Paliwal, B S (Ed) *Geological Evolution of Northwestern India*, Scientific Publishers, Jodhpur, pp. 305-311.

Sood, R K and Sahai, B (1983) Hydrographic changes in northwestern India, *Man and Environment*, 7: 166-169.

Stein, A (1942) A survey of ancient sites along the lost Saraswati river, *The Geographical Jour.*, 99: 173-182.

Tewari, H C, Rao, V V and Prasad, B R (2000) Tectonic significance of seismic reflectivity patterns: A study from the NW Indian Shield. In: Deb, M (Ed) *Crustal Evolution and Metallogeny in Northwestern Indian Shield*, Narosa, New Delhi, pp. 189-202.

Thapar, B K (1975) A Harappan metropolis beyond the Indus Valley, *Expedition*, 17(2): 19-32.

Thapar, Romila (1979) *Ancient Indian Social History: Some Interpretations*, Oriental Longman, New Delhi, p. 396.

Thussu, J L (1999) Role of tectonics in drainage migration in Panjab-Haryana plains in Recent times, *Memoir Geol. Soc. India*, 42: 205-217.

Valdiya, K S (1968) Kya Ganga ne Saraswati ke jal ka apharan kiya tha? *Dharmyug*, 21st July, pp. 21-23.

——. (1984) *Aspects of Tectonics: Focus on South-Central Asia*, (pp. 270-272). Tata McGraw Hill, New Delhi, pp. 319.

——. (1996a) Saraswati that disappeared, *Resonance*, 1(5): 19-28.

——. (1996b) Unlocking of active faults in the Himalaya and its foreland, *Proc. Indian National Sci. Acad.*, 62: 349-368.

——. (1998) Dynamic Himalaya, Universities Press, Hyderabad, p. 178.

——. (1999a) Crucial Holocene developments in the Indian subcontinent in context of societal concern, *Fourth Foundation Lecture*, Indian Geological Congress, Roorkee, pp. 1-12.

——. (1999b) Marwar's connection with the Himalaya. In: Paliwal, B S (Ed) *Geological Evolution of Northwestern India*, Scientific Publishers, Jodhpur, pp. 1-18.

Verma, R K (1993) *Geodynamics of the Indian Peninsula and the Indian Plate Margin*, Oxford & IBH, New Delhi, p. 357.

Verma, T P (2008) A new aspect of Saraswati Civilization. In: S. Kalyanaraman (Eds.) *Vedic River Sarasvati and Hindu Civlization*, Aryan Books International, New Delhi, pp. 179-195.

Wadhawan, S K (1990) Quaternary geology, morphostratigraphy and neotectonism in parts of Nagaur district, Rajasthan, *Records Geol. Survey India*, 123(7): 16-17.

Wakankar, V S (1987) Where is the Saraswati River? Fourteen historical findings of Archaeological Survey. In: *Manthan*, Deen Dayal Research Institute, New Delhi.

Wasson, R J (1995) The Asian monsoon during the Late Quaternary: A test of orbital-forcing and palaeoanalogue forecasting. In: Wadia, S, Korisettar, R and Kale, V S (Eds) *Quaternary Environments and Geoarchaology of India*, Geological Society of India, Bangalore, pp. 22-35.

Wesnousky, S G, Kumar, S, Mohindra, R and Thakur, V C (1999) Uplift and convergence along the Himalayan Frontal Thrust, *Tectonics*, 18: 967-976.

Wilhelmy, H (1969) Urstromtel zur ostrand der Induse bene und das Saraswati Problem, *Zeit. Geomorph.*, 8: 76-95. (The ancient river valley on the eastern border of the Indus plain and the Saraswati problem. In: *Vedic Saraswati, 1999., Memoir Geol. Soc. India*, 42: 95-112).

Yashpal, Sahai B, Sood, R K and Agrawal, D P (1980) Remote sensing of the lost Saraswati river, *Proc. Ind. Acad. Sci. (Earth & Planetary Sci.)*, 89: 317-337.

अनुक्रमणिका